Petits *C*lassiques

LAROUSSE

Collection fondée par ~~Félix Guirand~~
Agrégé des Lettres

Le
Misanthrope
ou l'Atrabilaire amoureux

Molière

Comédie

Édition présentée,
annotée et commentée
par Anne RÉGENT,
ancienne élève
de l'École normale supérieure,
agrégée de lettres modernes

SOMMAIRE

Avant d'aborder l'œuvre

Le Misanthrope
MOLIÈRE

Pour approfondir

AVANT D'ABORDER L'ŒUVRE

Fiche d'identité de l'auteur

Molière

Nom :
Jean-Baptiste Poquelin,
dit Molière.

Naissance :
janvier 1622, à Paris.

Famille :
riche bourgeoisie
parisienne (père
tapissier et valet de
chambre ordinaire du roi).

Formation :
humanités au collège
jésuite de Clermont
(actuel lycée Louis-
le-Grand) puis licence
de droit à Orléans.

Début de la carrière :
La Jalousie du barbouillé
(farce, 1660), *Le Médecin
volant* (farce, 1645),
L'Étourdi (créé à Lyon
en 1655), *Le Dépit
amoureux* (créé à Béziers
en 1656).

Premier succès :
Les Précieuses ridicules, créées à la salle
du Petit-Bourbon, Paris, en 1659.

Évolution de la carrière littéraire :
tout d'abord, des farces (*La Jalousie du barbouillé*),
des comédies (*Les Précieuses ridicules*, 1659)
et des divertissements de cour (*Les Fâcheux*, 1661) ;
puis un engagement militant sur les terrains
politique ou religieux (*L'École des femmes*, 1662 ;
Tartuffe, 1664 ; *Dom Juan*, 1665 ; *Le Misanthrope*,
1666) ; enfin, une sorte de retour aux sources,
avec la comédie de caractère et la comédie-ballet
(*Le Bourgeois gentilhomme*, 1670 ; *Le Malade
imaginaire*, 1673).

Mort :
le vendredi 17 février 1673, vers vingt-deux heures,
sans avoir reçu les derniers sacrements. Enterré
chrétiennement, mais de nuit, dans le cimetière
Saint-Joseph, après intervention de sa veuve,
Armande Béjart, auprès du roi et de l'archevêque
de Paris.

Portrait de Molière par Pierre Mignard, XVIIᵉ.

Repères chronologiques

Vie et œuvre de Molière	Événements politiques et culturels
1622 Naissance de Molière.	**1610** Début du règne de Louis XIII.
1640 Fin des ses humanités.	**1629** Fondation de la Compagnie du Saint-Sacrement
1642 Licence en droit à Orléans. Affirmation de sa vocation théâtrale, sous l'influence de Madeleine Béjart.	**1635** Début de la guerre d'Espagne. Fondation de l'Académie française.
1643 Fondation de l'Illustre-Théâtre, troupe dont Molière s'impose rapidement comme le chef.	**1637** Corneille, *Le Cid*. Descartes, *Discours de la méthode*.
1645 Ruine et fin de l'Illustre-Théâtre. Début d'une longue tournée en province.	**1642** Mort de Richelieu.
1655 *L'Étourdi*.	**1643** **Mort de Louis XIII.** **Régence d'Anne d'Autriche et ministère de Mazarin.**
1656 *Le Dépit amoureux*.	**1644** Torricelli, invention du baromètre.
1658 Installation de la troupe à Paris, salle du Petit-Bourbon, sous la protection de Monsieur, frère du roi.	**1648** **Fin de la guerre de Trente Ans.** **Début de la Fronde.**
1659 *Les Précieuses ridicules*.	**1651** Invention de la machine arithmétique par Pascal.
1661 Installation au théâtre du Palais-Royal.	**1654** Sacre de Louis XIV à Reims, Mazarin conservant les rênes du pouvoir. Madeleine de Scudéry, *Clélie*.
1662 Succès éclatant de *L'École des femmes*. Mariage avec Armande Béjart.	**1656** Pascal, *Les Provinciales*.
1664 **Molière animateur des « plaisirs de l'île enchantée » lors des fêtes**	**1659** Paix des Pyrénées avec l'Espagne.

Repères chronologiques

Vie et œuvre de Molière	Événements politiques et culturels
de Versailles. Interdiction du *Tartuffe*.	**1661** Mort de Mazarin. Début du règne personnel de Louis XIV. Arrestation de Fouquet.
1665 Interdiction de *Dom Juan* après quelques représentations, mais rattachement de la troupe de Molière au service du roi et triomphe de *L'Amour médecin*.	**1662** Colbert contrôleur général des Finances.
	1664 La Rochefoucauld, *Maximes*.
1666 **Accueil du public mitigé au *Misanthrope*, mais succès de la farce *Le Médecin malgré lui*.**	**1666** Mort d'Anne d'Autriche.
1667 Nouvelle interdiction du *Tartuffe*, remanié sous le titre *L'Imposteur*.	**1667** Racine, *Andromaque*. Sous la conduite de Turenne, conquête des Pays-Bas espagnols par les armées de Louis XIV.
1669 Autorisation royale finalement accordée au *Tartuffe*. Triomphe.	**1668** Signature du traité d'Aix-la-Chapelle par la France et l'Espagne : annexion française de Lille, Tournai, Douai et Armentières. La Fontaine, *Fables*.
1670 Comédies-ballets commandées par la cour et intégrées dans les divertissements royaux : *Les Amants magnifiques*, *Le Bourgeois gentilhomme*.	**1670** Pascal, *Les Pensées*. Création du Trianon de Porcelaine.
1671 Succès éclatant de *Psyché*, spectacle accordant une grande place à la musique et au chant.	
1672 Mort de Madeleine Béjart. *Les Femmes savantes*. Brouille avec le compositeur Lulli, après huit ans de travail en commun.	**1672** Début de la guerre de Hollande.
1673 ***Le Malade imaginaire*.** **Mort de Molière.**	

Fiche d'identité de l'œuvre

Le Misanthrope

Genre :
pièce de théâtre,
comédie.

Auteur :
Molière, XVIIe siècle.

Objets d'étude :
comique et comédie ;
le théâtre : texte
et représentation ;
le classicisme ;
le biographique.

Registres :
comique et pathétique.

Structure :
cinq actes.

Forme :
dialogues en vers.

**Principaux
personnages :**
Alceste, Célimène,
Philinte, Éliante,
Arsinoé, Oronte, Acaste,
Clitandre.

Sujet :
Alceste, défenseur de la sincérité au sein
d'un siècle dont l'hypocrisie le révolte,
est amoureux de Célimène, une coquette médisante.
Divers obstacles retardent l'explication décisive
qu'il souhaite avoir avec elle.

Représentations de la pièce :
l'Alceste de Molière se caractérisait
vraisemblablement par sa bouffonnerie et par son
ridicule. Un siècle plus tard, celui de François-
René Molé brise, dans un élan de violence, le siège
où il s'assied au premier acte. S'ensuit ensuite
un siècle de misanthropes graves et douloureux,
conformes au goût romantique. À l'orée du XXe siècle,
diverses mises en scène tentent de retrouver un
certain équilibre entre drame et comédie. La seconde
moitié du XXe siècle impose progressivement
une vision tragique du personnage d'Alceste
et de la pièce en général, dont témoigne au premier
chef la mise en scène racinienne d'Antoine Vitez,
en 1988, au Théâtre de Chaillot.

LE MISANTROPE

Frontispice du *Misanthrope*. Gravure de Sauvé d'après Brissart.

L'œuvre dans son siècle

Anatomie de la mélancolie

LE SOUS-TITRE DONNÉ PAR MOLIÈRE au *Misanthrope*, *L'Atrabilaire amoureux*, témoigne de l'influence qu'ont pu avoir sur son œuvre les théories médicales de son temps. Celles-ci sont directement empruntées au corpus hippocratique (Vᵉ siècle avant Jésus-Christ) et à l'œuvre de Galien (IIᵉ siècle), qui s'en inspire largement.

HIPPOCRATE distinguait en effet dans le corps humain quatre liquides organiques, ou *humeurs* : le sang, la bile noire (ou atrabile), la bile jaune et le flegme. À chacune de ces humeurs se trouvaient associés un des quatre éléments, une des quatre saisons, un des quatre âges de la vie, etc. De l'équilibre ou du déséquilibre de ces quatre humeurs dépendait la santé ou la maladie du corps, ce qui légitimait dès lors la pratique de la purge ou de la saignée, en cas d'excédent ou d'altération des humeurs.

APPROFONDISSANT L'HÉRITAGE HIPPOCRATIQUE, Galien marque au IIᵉ siècle après Jésus-Christ une évolution décisive dans la doctrine humorale en faisant correspondre aux quatre humeurs quatre tempéraments : le tempérament sanguin, générateur de gaieté ; le flegmatique, générateur de mesure ; le colérique, de violence ; et l'atrabilaire, de mélancolie.

QUINZE SIÈCLES PLUS TARD, la « maladie » (v. 105) dont souffre Alceste se comprend et se définit encore selon les savoirs de cette époque : son « humeur noire » et son « chagrin profond » (v. 91) sont perçus comme une conséquence directe de son déséquilibre humoral. Son caractère maniaco-dépressif semble avant tout s'expliquer par la domination de son organisme par l'atrabile. La bizarrerie d'Alceste est donc appréhendée par Molière sous un angle foncièrement médical – ce même angle à travers lequel les hommes du XVIIᵉ siècle étaient habitués à envisager la mélancolie et à en dénoncer tous les maux.

L'œuvre dans son siècle

La « guerre aux passions tristes »

TEL APPARAÎT EN EFFET LE DRAME D'ALCESTE : à l'époque où il vit, la mélancolie dont il souffre n'a plus du tout bonne presse. Un temps valorisés par l'Angleterre élisabéthaine, ou à Prague, par la cour de Rodolphe II, les mélancoliques (ou enfants de Saturne) sont de plus en plus rejetés et réprouvés par la société. Initiée par les humanistes, tels Érasme ou Montaigne, et notamment poursuivie par La Mothe Le Vayer dans sa *Prose chagrine* (1661), la « guerre aux passions tristes » (Marc Fumaroli, « Classicisme et maladie de l'âme », *Le Débat*, n° 29, 1984) trouve en Louis XIV son plus ardent champion : le mélancolique est désormais perçu comme une dangereuse menace et comme un obstacle majeur à la recherche d'une forme idéale de bonheur collectif. À l'âge classique, l'heure n'est donc plus à l'humeur sombre et méditative du génie solitaire, tel que l'avait représenté Dürer dans sa célèbre gravure *Melancholia* (1514). Le siècle appartient tout entier à la duplicité souriante et au prudent cynisme des Philinte, hommes parfaitement conscients de la folie des hommes, mais aussi de la folie qu'il y aurait à refuser d'être fous avec eux.

Diffusion et inflexions de l'honnêteté

L'IMPORTANCE CROISSANTE du modèle de l'honnête homme joue en cela un rôle considérable. Importé d'Italie en France par Nicolas Faret (*L'Honnête Homme ou l'art de plaire à la Cour*, 1630), ce modèle connaît sous le règne de Louis XIV une modification discrète, mais non moins significative.

AU-DELÀ DE L'IMPORTANCE ACCORDÉE au sens de la mesure et à la faculté de se rendre agréable à tout le monde, en effet, l'honnête homme français des années 1630 héritait avant tout des vertus héroïques et chevaleresques de son émule italien, telles que les avait définies Baldassar Castiglione dans son *Livre du courtisan* (1528) : nécessairement « gentilhomme » ou issu

« d'une maison qui ait quelque bonne marque », guerrier utile à sa patrie, bon chrétien et amant parfait, il ne se distinguait pas foncièrement de l'homme de bien.

L'HONNÊTE HOMME DE L'ÂGE CLASSIQUE, en revanche, met ces dernières vertus au second plan (l'héroïsme, comme le regrette Éliante, « est une vertu rare au siècle d'aujourd'hui »), et subordonne tout ou presque à la mise en œuvre d'un art de plaire. Pour Méré, par exemple, théoricien majeur de l'honnête homme dans les années 1660-1680, il semble qu'il suffise de se montrer complaisant, agréable, enjoué et naturel pour mériter le titre d'honnête homme. Conception fort affadie de l'honnêteté originelle, certes – mais il s'agit avant tout d'être heureux. Or, aux yeux de l'honnête homme, le bonheur individuel de chacun passe naturellement par le bonheur de tous : nul ne saurait longtemps être heureux tout seul, entouré de gens malheureux. Pour celui qui aspire au bonheur, il est donc nécessaire que tous soient heureux avec lui et en même temps que lui.

L'HONNÊTETÉ AU TEMPS D'ALCESTE peut dès lors se définir comme un art de vivre ensemble ou, plus précisément, comme la recherche d'un épanouissement à la fois personnel et collectif, dans l'euphorie d'une sociabilité soigneusement entretenue.

Une sociabilité strictement réglée

CETTE SOCIABILITÉ connaît un lieu privilégié : le salon, et un moment de mise à l'épreuve décisif entre tous : celui de la conversation. À cette occasion, en effet, le groupe est tout particulièrement amené à faire l'expérience de la cohésion qui est la sienne, ainsi que de sa faculté à assurer et à préserver cette dernière.

CONSTANTE RETENUE dans la mise en scène de soi-même, assauts de politesses, voire de flatteries, valorisation constante de l'interlocuteur, fines railleries sacrifiant à l'esprit de gaieté,

mais en évitant toujours de blesser ou d'attaquer frontalement les personnes présentes : tous les codes et toutes les
règles engagés dans la conversation ne visent en définitive
qu'à établir la sphère d'un échange dénué d'agressivité et,
de manière plus générale, celle d'un monde harmonieux, à la
violence enfin domestiquée.

Le salon de Célimène, miroir de la cour

ON CONÇOIT PAR LÀ MÊME toute l'importance et tout l'intérêt que pouvait revêtir un tel modèle social aux yeux d'un
monarque absolu tel que Louis XIV. La promotion des valeurs
de l'honnête homme et l'instauration progressive à Versailles
d'une société de cour relayée par les salons parisiens ne pouvaient que concourir à l'établissement de la domination royale
sur une noblesse oisive par nécessité, chassée par la bourgeoisie
des hautes sphères du pouvoir, le plus souvent en mal d'argent,
et ainsi maintenue de force dans un état de grande dépendance.

EN RESTAURANT DÈS 1661 – date à laquelle il accède réelle-
ment au pouvoir – une cour de France jusqu'alors désagrégée
par les derniers éclats de la Fronde, Louis XIV accomplissait
ainsi d'emblée un geste politique fort : la noblesse se trouvait
désormais sévèrement bridée, et l'art de plaire de l'honnête
homme implicitement transformé en art de plaire au roi.

LE SALON DE CÉLIMÈNE, parfait miroir de la noblesse de cour,
est très représentatif de cette situation. On y rencontre des
personnages désœuvrés réglant leur emploi du temps sur
celui du souverain et faisant hautement valoir leur privilège
d'assister au petit lever et au petit coucher du monarque (v. 567
et v. 739). D'autres sont en quête effrénée d'une « charge à la
cour » (v. 1076). Intrigues et « machines » sont remuées à cet effet
(v. 1078), les amitiés sont intéressées et tenues pour un marchan-
dage (v. 37-40) ou un « commerce » (v. 68) comme un autre.
Une attention de tous les instants est prêtée aux apparences

(notamment vestimentaires, v. 481-485) ainsi qu'à l'opinion d'autrui. On assiste donc au règne de la dissimulation (v. 1089-1090) et de la flatterie, sous prétexte de « bienséance » (v. 77), ainsi qu'au déchaînement de la « ruse » (v. 1557), de la « cabale » (v. 1556) et de l'« imposture » (v. 1506), dès qu'il s'agit de neutraliser un adversaire en s'attaquant à sa réputation.

La nostalgie d'un âge d'or révolu

AU SEIN DE CE PETIT MONDE, en lequel le critique Donneau de Visé proposait de voir sans ambiguïté un fidèle « portrait du siècle », Alceste apparaît clairement hors jeu : « Le Ciel ne m'a point fait, en me donnant le jour, / Une âme compatible avec l'air de la cour » (v. 1083-1084). À cet égard, les tendances réactionnaires manifestées par le personnage jusque dans ses goûts littéraires (la *Chanson du Roi René* plutôt que le sonnet précieux d'Oronte) imposent l'image d'un nostalgique de l'ancienne cour, regrettant les valeurs héroïques du temps de la Fronde, et se montrant dès lors rebelle à l'ordre du monde imposé par Louis XIV.

AUSSI CONVENAIT-IL sans doute que la mise en spectacle de ses excès et de son ridicule puisse désamorcer la charge hautement subversive de son discours, car si les remarques d'Alceste sonnent le plus souvent juste, tout son comportement, son incapacité à se remettre en question et le profond « aveuglement » où il est pour lui-même (v. 968) empêchent cependant ses anathèmes d'être pris au sérieux. C'est ainsi que Molière pouvait se permettre de critiquer avec violence le monde de la cour, sans pour autant donner l'impression de menacer ou de remettre en cause l'ordre établi.

La tentation du désert

C'EST ENCORE AINSI, du reste, que la pièce pouvait plus largement être reçue par le public du temps comme une condamnation sévère de l'amour-propre, des chimères dont il dupe la bonne conscience et des apparences de vertu dont se revêt le plus souvent le vice. La dimension polémique de la pièce s'effaçait dès lors derrière sa dimension morale, discrètement teintée de cet augustinisme en vogue tout au long du XVIIe siècle, et tout particulièrement illustré, sur un plan littéraire, par les œuvres de Pascal (*Les Pensées*, 1670), La Rochefoucauld (*Maximes*, 1664), Madame de Lafayette (*La Princesse de Clèves*, 1678), Racine (*Phèdre*, 1677) et La Bruyère (*Les Caractères*, 1688). À cet égard, la tentation du désert, que ne cesse d'évoquer Alceste, pourrait d'ailleurs être identifiée comme un indice transparent de l'importance que revêt, au XVIIe siècle, l'opposition, héritée d'Augustin, entre la cité de Dieu et la cité terrestre, entre l'absolu et le *monde*, conçu comme univers de mensonges, d'illusions et de perdition. L'appel de la retraite est en effet récurrent dans la littérature contemporaine du *Misanthrope*, et pas seulement dans les écrits se rattachant directement à Port-Royal. L'insistance avec laquelle revient notamment le thème du *désert*, au sens de *retrait du monde*, chez les auteurs spirituels, les mémorialistes et dans la correspondance même des gens de cour, témoigne au premier chef des interrogations et des inquiétudes qui traversent, contre toute apparence, un XVIIe siècle en crise.

Lire l'œuvre aujourd'hui

Alceste toujours comique ?

Alceste nous paraît-il aujourd'hui aussi ridicule qu'il était censé l'être ? Comme en témoignent les mises en scène les plus récentes, le personnage fait désormais moins rire de ses excès qu'il ne suscite l'empathie douloureuse du spectateur. Données pour déplacées du temps de Molière, les colères du misanthrope sont à présent prises au sérieux, et l'on s'identifie dès lors bien plus à cet atrabilaire qu'on ne le met à distance. C'est que les temps ont bien changé, et que, pour l'essentiel, on partage désormais les indignations et, d'une certaine manière, les idéaux d'Alceste. Apologie de la transparence, culte de l'être-soi-même, célébration constante des libertés de pensée et d'expression : ces différents traits constitutifs du personnage semblent caractéristiques de notre époque. Aussi notre individualisme et notre culte du naturel nous rendent-ils parfaitement étranger le salon de Célimène, et parfaitement insupportable l'hypocrisie sur laquelle y reposent, non sans artifice, l'harmonie et l'euphorie précaires des relations sociales. Quant au personnage de Philinte, désormais force est de reconnaître qu'il nous semble au mieux fade, au pire plein de compromissions : sa morale de la demi-mesure n'a rien pour exalter, et sa conception du vivre-ensemble nous paraît entachée d'une duplicité dont peu de lecteurs actuels seraient tentés de se réclamer. À l'inverse de ce que pouvait donc ressentir le spectateur de 1666, Alceste, en son refus des faux-semblants et en la libre affirmation de sa vérité propre, nous apparaît à plus d'un titre comme notre contemporain, alors même que l'époque où il vit nous semble tout à fait étrangère.

Une époque étrangère ?

Pour autant, l'est-elle autant qu'on voudrait bien le croire ? Et n'avons-nous vraiment aucune raison de nous reconnaître dans le portrait cruel du petit monde de la cour dépeint par Molière ?

Lire l'œuvre aujourd'hui

Pour l'observateur attentif de notre société, plusieurs indices semblent suggérer le contraire. Que penser, par exemple, de ces dogmes contemporains que sont devenus le politiquement correct et la pensée unique – cette « commune voix » (v. 670) à laquelle Célimène s'étonnait qu'Alceste ne fît pas chorus ? Que penser, de la même manière, de l'actuelle multiplication des procès en tous genres et de cette judiciarisation croissante qui marque nos rapports sociaux ? Que penser encore de cette mode du cynisme récemment imposée dans la sphère média-tique et commandant dès lors une oscillation constante entre le jeu spectaculaire de la critique et celui de la promotion la plus complaisante ?... Que dire, enfin, des compromissions de toutes sortes dictées par la seule ambition, de cette pratique du renvoi d'ascenseur ou du retour de bâton réglant et cor-rompant, comme au temps d'Oronte, l'essentiel de la critique littéraire en particulier et, comme au temps de Clitandre ou d'Arsinoé, l'essentiel des rapports sociaux en général ? Ce monde contre lequel s'indignait Alceste, et dont nous aurions nous aussi tendance à refuser les contours, ce monde n'est-il pas tout autant le nôtre ?

À l'évidence, même s'il nous est devenu impossible de compren-dre spontanément *Le Misanthrope* de la même manière que les contemporains de Molière, la pièce nous renvoie toujours à nos éternelles contradictions. C'est ainsi que nous nous plaisons sans doute à nous reconnaître en Alceste, chantre intran-sigeant de la plus grande transparence, mais que nous n'en participons pas moins aux jeux opaques du salon de Célimène.

Page de titre du *Misanthrope* par François Chauveau, XVIIe.

Le
Misanthrope
ou l'Atrabilaire amoureux

Molière

Comédie (1666)

PERSONNAGES

ALCESTE, *amant de Célimène.*

PHILINTE, *ami d'Alceste.*

ORONTE, *amant de Célimène.*

CÉLIMÈNE, *amante d'Alceste.*

ÉLIANTE, *cousine de Célimène.*

ARSINOÉ, *amie de Célimène.*

ACASTE, *marquis.*

CLITANDRE, *marquis.*

BASQUE, *valet de Célimène.*

UN GARDE *de la maréchaussée de France.*

DU BOIS, *valet d'Alceste.*

La scène est à Paris.

ACTE I
Scène 1   PHILINTE, ALCESTE

PHILINTE
Qu'est-ce donc ? Qu'avez-vous ?

ALCESTE
Laissez-moi, je vous prie.

PHILINTE
Mais encor, dites-moi, quelle bizarrerie[1]...

ALCESTE
Laissez-moi, vous dis-je, et courez vous cacher.

PHILINTE
Mais on entend les gens au moins sans se fâcher.

ALCESTE
Moi, je veux me fâcher, et ne veux point entendre.   5

PHILINTE
Dans vos brusques chagrins[2] je ne puis vous comprendre,
Et, quoique amis, enfin, je suis tout des premiers...

ALCESTE, *se levant brusquement.*
Moi, votre ami ? Rayez cela de vos papiers[3].
J'ai fait jusques ici profession de[4] l'être ;
Mais, après ce qu'en vous je viens de voir paraître[5],   10
Je vous déclare net que je ne le suis plus,
Et ne veux nulle place en des cœurs corrompus.

PHILINTE
Je suis donc bien coupable, Alceste, à votre compte[6] ?

---

1. **Bizarrerie :** extravagance, folie.
2. **Chagrins :** brusques accès de mélancolie.
3. **Rayez cela de vos papiers :** vous vous trompez de croire une telle chose.
4. **Faire profession de :** admettre publiquement.
5. **Paraître :** apparaître.
6. **À votre compte :** selon vous.

ALCESTE

Allez, vous devriez mourir de pure honte ;
15 Une telle action ne saurait s'excuser[1],
Et tout homme d'honneur s'en doit scandaliser.
Je vous vois accabler un homme de caresses[2],
Et témoigner pour lui les dernières[3] tendresses ;
De protestations[4], d'offres[5] et de serments[6]
20 Vous chargez[7] la fureur[8] de vos embrassements[9] :
Et, quand je vous demande après quel est cet homme,
À peine pouvez-vous dire comme[10] il se nomme ;
Votre chaleur pour lui[11] tombe en vous séparant[12],
Et vous me le traitez, à moi, d'indifférent.
25 Morbleu[13] ! c'est une chose indigne, lâche, infâme,
De s'abaisser ainsi jusqu'à trahir son âme ;
Et si, par un malheur[14], j'en avais fait autant,
Je m'irais, de regret, pendre tout à l'instant[15].

PHILINTE

Je ne vois pas, pour moi, que le cas soit pendable[16],
30 Et je vous supplierai d'avoir pour agréable[17]

---

1. **S'excuser :** être excusée.
2. **Caresses :** démonstrations d'amitié ou simples flatteries.
3. **Les dernières :** les plus grandes.
4. **Protestations :** démonstrations appuyées d'amitié et de dévouement.
5. **Offres :** propositions de services.
6. **Serments :** promesses solennelles de fidélité.
7. **Vous chargez :** vous exagérez.
8. **Fureur :** impétuosité, violence.
9. **Embrassements :** accolades.
10. **Comme :** comment.
11. **Votre chaleur pour lui :** l'enthousiasme que vous ressentez pour sa personne.
12. **En vous séparant :** dès le moment que vous prenez congé de lui.
13. **Morbleu :** par la mort de Dieu (juron).
14. **Par un malheur :** par malheur.
15. **Tout à l'instant :** aussitôt.
16. **Pendable :** qui mérite la pendaison.
17. **Avoir pour agréable :** considérer comme agréable.

Que je me fasse un peu grâce sur votre arrêt[1],
Et ne me pende pas pour cela, s'il vous plaît.

ALCESTE
Que la plaisanterie est de mauvaise grâce !

PHILINTE
Mais, sérieusement, que voulez-vous qu'on fasse ?

ALCESTE
Je veux qu'on soit sincère, et qu'en homme d'honneur   35
On ne lâche aucun mot qui ne parte du cœur.

PHILINTE
Lorsqu'un homme vous vient embrasser avec joie,
Il faut bien le payer de la même monnoie[2],
Répondre comme on peut, à ses empressements,
Et rendre offre pour offre, et serments pour serments.   40

ALCESTE
Non, je ne puis souffrir[3] cette lâche méthode[4]
Qu'affectent la plupart de vos gens à la mode ;
Et je ne hais rien tant que les contorsions
De tous ces grands faiseurs de protestations,
Ces affables[5] donneurs d'embrassades frivoles,   45
Ces obligeants diseurs d'inutiles paroles,
Qui de civilités[6] avec tous font combat[7],
Et traitent du même air[8] l'honnête homme et le fat[9].
Quel avantage a-t-on qu'un homme vous caresse,
Vous jure amitié, foi[10], zèle[11], estime, tendresse,   50

---

1. **Arrêt :** décision de justice.
2. **Monnoie :** monnaie. Le siècle de Molière prononçait ce mot : *mon-nouée*, de même qu'il prononçait *joie : jouée*.
3. **Souffrir :** accepter, supporter.
4. **Méthode :** façon de procéder.
5. **Affables :** aimables, bienveillants.
6. **Civilités :** politesses.
7. **Font combat :** rivalisent.
8. **Du même air :** de la même manière.
9. **Fat :** « sot, sans esprit, qui ne dit que des fadaises » (Furetière).
10. **Foi :** fidélité.
11. **Zèle :** empressement à rendre service.

Et vous fasse de vous un éloge éclatant,
Lorsque au premier faquin[1] il court en faire autant ?
Non, non, il n'est point d'âme un peu bien située[2]
Qui veuille d'une estime ainsi prostituée[3],
55 Et la plus glorieuse a des régals peu chers
Dès qu'on voit qu'on nous mêle avec tout l'univers[4].
Sur quelque préférence une estime se fonde,
Et c'est n'estimer rien qu'estimer tout le monde.
Puisque vous y donnez, dans ces vices du temps,
60 Morbleu ! vous n'êtes pas pour être de mes gens[5] ;
Je refuse d'un cœur la vaste complaisance
Qui ne fait de mérite[6] aucune différence ;
Je veux qu'on me distingue ; et, pour le trancher net[7],
L'ami du genre humain n'est point du tout mon fait.

PHILINTE

65 Mais quand on est du monde[8], il faut bien que l'on rende
Quelques dehors civils[9] que l'usage demande.

ALCESTE

Non, vous dis-je ; on devrait châtier sans pitié
Ce commerce[10] honteux de semblants d'amitié.
Je veux que l'on soit homme, et qu'en toute rencontre
70 Le fond de notre cœur dans nos discours se montre ;
Que ce soit lui qui parle, et que nos sentiments
Ne se masquent jamais sous de vains compliments.

---

1. **Faquin :** homme digne de mépris.
2. **Bien située :** noble, élevée.
3. **Prostituée :** avilie, déshonorée.
4. **Et la plus glorieuse [...] tout l'univers :** ce n'est rien d'être estimé, quand tout le monde est estimé de tout le monde.
5. **Vous n'êtes [...] de mes gens :** vous ne méritez pas que je vous fréquente.
6. **De mérite :** en ce qui concerne le mérite.
7. **Pour le trancher net :** pour mettre un terme à l'échange en s'exprimant très franchement.
8. **Du monde :** de la bonne société.
9. **Dehors civils :** marques extérieures de politesse.
10. **Commerce :** échange.

PHILINTE

Il est bien des endroits[1] où la pleine franchise
Deviendrait ridicule et serait peu permise ;
Et, parfois, n'en déplaise à votre austère honneur,   75
Il est bon de cacher ce qu'on a dans le cœur.
Serait-il à propos et de la bienséance[2]
De dire à mille gens tout ce que d'eux l'on pense ?
Et, quand on a quelqu'un qu'on hait ou qui déplaît,
Lui doit-on déclarer la chose comme elle est ?   80

ALCESTE

Oui.

PHILINTE

    Quoi ! Vous iriez dire à la vieille Émilie
Qu'à son âge il sied mal[3] de faire la jolie,
Et que le blanc[4] qu'elle a scandalise chacun ?

ALCESTE

Sans doute[5].

PHILINTE

      À Dorilas, qu'il est trop importun,
Et qu'il n'est à la cour oreille qu'il ne lasse[6]   85
À conter sa bravoure et l'éclat[7] de sa race ?

ALCESTE

Fort bien.

PHILINTE

    Vous vous moquez.

ALCESTE

           Je ne me moque point,
Et je vais n'épargner personne sur ce point.

---

1. **Endroits :** occasions, circonstances.
2. **De la bienséance :** bienséant, convenable, conforme aux conventions de la politesse mondaine.
3. **Il sied mal :** il ne convient pas.
4. **Blanc :** maquillage.
5. **Sans doute :** sans aucun doute, assurément.
6. **Il n'est à la cour oreille qu'il ne lasse :** il ennuie tout le monde à la cour.
7. **Éclat :** prestige.

Mes yeux sont trop blessés, et la cour[1] et la ville[2]
90 Ne m'offrent rien qu'objets à m'échauffer la bile[3] :
J'entre en une humeur noire[4], en un chagrin profond,
Quand je vois vivre entre eux les hommes comme ils font.
Je ne trouve partout que lâche flatterie,
Qu'injustice, intérêt, trahison, fourberie.
95 Je n'y puis plus tenir, j'enrage, et mon dessein
Est de rompre en visière à[5] tout le genre humain.

PHILINTE

Ce chagrin philosophe[6] est un peu trop sauvage.
Je ris des noirs accès où je vous envisage[7],
Et crois voir en nous deux, sous mêmes soins nourris[8],
100 Ces deux frères que peint *L'École des maris*[9],
Dont...

ALCESTE

Mon Dieu, laissons là vos comparaisons fades.

PHILINTE

Non, tout de bon, quittez toutes ces incartades[10].
Le monde par vos soins ne se changera pas ;
Et, puisque la franchise a pour vous tant d'appas[11],
105 Je vous dirai tout franc[12] que cette maladie,
Partout où vous allez, donne la comédie[13],

---

1. **La cour :** la cour royale, à Versailles.
2. **La ville :** la société parisienne.
3. **Échauffer la bile :** irriter, mettre en colère.
4. **J'entre en une humeur noire :** je deviens mélancolique.
5. **Rompre en visière à :** s'attaquer frontalement à.
6. **Philosophe :** de philosophe.
7. **Je vous envisage :** je vous vois.
8. **Sous mêmes soins nourris :** soumis à la même éducation.
9. **L'École des maris :** comédie de Molière datant de 1661 où le paisible Ariste se trouvait confronté à la tyrannie de son frère, le colérique Sganarelle.
10. **Incartades :** folies, extravagances.
11. **Appas :** attraits.
12. **Tout franc :** franchement, sincèrement.
13. **Donner la comédie :** faire rire, susciter l'amusement.

Et qu'un si grand courroux contre les mœurs du temps
Vous tourne en ridicule auprès de bien des gens.

ALCESTE

Tant mieux, morbleu[1] ! tant mieux ! c'est ce que je demande.
Ce m'est un fort bon signe, et ma joie en est grande ;   110
Tous les hommes me sont à tel point odieux
Que je serais fâché d'être sage à leurs yeux.

PHILINTE

Vous voulez un grand mal à la nature humaine !

ALCESTE

Oui, j'ai conçu pour elle une effroyable haine.

PHILINTE

Tous les pauvres mortels, sans nulle exception,   115
Seront enveloppés dans cette aversion ?
Encor en est-il bien, dans le siècle où nous sommes...

ALCESTE

Non, elle est générale, et je hais tous les hommes,
Les uns parce qu'ils sont méchants[2] et malfaisants,
Et les autres pour être aux méchants complaisants,   120
Et n'avoir pas[3] pour eux ces haines vigoureuses
Que doit donner le vice aux âmes vertueuses.
De cette complaisance on voit l'injuste excès
Pour le franc[4] scélérat avec qui j'ai procès ;
Au travers de son masque on voit à plein le traître,   125
Partout il est connu pour tout ce qu'il peut être,
Et ses roulements d'yeux et son ton radouci[5]
N'imposent[6] qu'à des gens qui ne sont point d'ici.

---

1. **Morbleu :** par la mort de Dieu (juron).
2. **Méchants :** mauvais.
3. **Pour être [...] et n'avoir pas [...] :** parce qu'ils sont... et qu'ils n'ont pas...
4. **Franc :** parfait, pur (renforce le caractère péjoratif du terme *scélérat* qu'il qualifie).
5. **Radouci :** mielleux, sirupeux.
6. **Imposent :** impressionnent, font illusion.

On sait que ce pied-plat[1], digne qu'on le confonde[2],
130 Par de sales emplois s'est poussé dans le monde[3],
Et que par eux son sort, de splendeur revêtu,
Fait gronder le mérite et rougir la vertu.
Quelques titres honteux qu'en tous lieux on lui donne,
Son misérable honneur ne voit pour lui personne[4] :
135 Nommez-le fourbe, infâme et scélérat maudit,
Tout le monde en convient et nul n'y contredit.
Cependant sa grimace[5] est partout bien venue ;
On l'accueille, on lui rit, partout il s'insinue,
Et, s'il est, par la brigue[6], un rang à disputer,
140 Sur le plus honnête homme on le voit l'emporter.
Têtebleu[7] ! ce me sont de mortelles blessures
De voir qu'avec le vice on garde des mesures[8]
Et parfois il me prend des mouvements[9] soudains
De fuir dans un désert[10] l'approche des humains.

PHILINTE

145 Mon Dieu, des mœurs du temps mettons-nous moins en peine,
Et faisons un peu grâce à la nature humaine ;
Ne l'examinons point dans[11] la grande[12] rigueur,

---

1. **Pied-plat :** selon Vaugelas, « paysan qui a des souliers tout unis », c'est-à-dire sans talons, comme en portent les personnes de qualité ; d'où, gueux, rustre.
2. **Qu'on le confonde :** qu'on le démasque.
3. **S'est poussé dans le monde :** a gravi les échelons, s'est fait une place dans la bonne société.
4. **Son misérable honneur [...] personne :** il ne trouve personne pour se porter garant de son honneur.
5. **Sa grimace :** son hypocrisie.
6. **Brigue :** intrigues, manœuvres menées en secret auprès des puissants.
7. **Têtebleu :** par la tête de Dieu (juron).
8. **On garde des mesures :** on reste mesuré.
9. **Mouvements :** impulsions.
10. **Désert :** lieu retiré et isolé.
11. **Dans :** selon.
12. **La grande :** la plus grande.

Et voyons ses défauts avec quelque douceur.
Il faut, parmi le monde, une vertu traitable[1] ;
À force de sagesse on peut être blâmable ;   150
La parfaite raison fuit toute extrémité
Et veut que l'on soit sage avec sobriété[2].
Cette grande raideur des vertus des vieux âges
Heurte trop notre siècle et les communs usages ;
Elle veut aux[3] mortels trop de perfection :   155
Il faut fléchir au temps[4] sans obstination,
Et c'est une folie à nulle autre seconde
De vouloir se mêler de corriger le monde.
J'observe, comme vous, cent choses tous les jours,
Qui pourraient mieux aller, prenant un autre cours ;   160
Mais quoi qu'à chaque pas je puisse voir paraître,
En courroux, comme vous, on ne me voit point être ;
Je prends tout doucement les hommes comme ils sont,
J'accoutume mon âme à souffrir ce qu'ils font ;
Et je crois qu'à la cour, de même qu'à la ville,   165
Mon flegme[5] est philosophe autant que votre bile[6].

ALCESTE

Mais ce flegme, monsieur, qui raisonne si bien,
Ce flegme pourra-t-il ne s'échauffer de rien ?
Et, s'il faut par hasard qu'un ami vous trahisse,
Que pour avoir vos biens on dresse un artifice[7],   170
Ou qu'on tâche à semer de méchants bruits de vous,
Verrez-vous tout cela sans vous mettre en courroux ?

PHILINTE

Oui, je vois ces défauts dont votre âme murmure[8]

---

1. **Traitable :** conciliante, accommodante.
2. **Avec sobriété :** avec mesure, avec modération.
3. **Aux :** chez.
4. **Fléchir au temps :** se conformer aux usages du siècle.
5. **Flegme :** humeur associée au tempérament flegmatique.
6. **Bile :** la bile jaune et la bile noire sont les deux humeurs respectivement associées aux tempéraments colérique et mélancolique.
7. **On dresse un artifice :** on agisse par ruse, on tende un piège.
8. **Murmure :** se plaint.

Comme vices unis[1] à l'humaine nature,
175 Et mon esprit enfin n'est pas plus offensé
De voir un homme fourbe, injuste, intéressé[2],
Que de voir des vautours affamés de carnage,
Des singes malfaisants et des loups pleins de rage.

ALCESTE

Je me verrai trahir, mettre en pièces, voler,
180 Sans que je sois… Morbleu[3] ! je ne veux point parler,
Tant ce raisonnement est plein d'impertinence[4].

PHILINTE

Ma foi, vous ferez bien de garder le silence :
Contre votre partie[5] éclatez un peu moins,
Et donnez au procès une part de vos soins.

ALCESTE

185 Je n'en donnerai point, c'est une chose dite.

PHILINTE

Mais qui voulez-vous donc qui pour vous sollicite[6] ?

ALCESTE

Qui je veux ? La raison, mon bon droit, l'équité[7].

PHILINTE

Aucun juge par vous ne sera visité ?

ALCESTE

Non. Est-ce que ma cause est injuste ou douteuse[8] ?

---

1. **Unis :** attachés.
2. **Intéressé :** avide, cupide.
3. **Morbleu :** par la mort de Dieu (juron).
4. **Impertinence :** sottise, inconvenance.
5. **Partie :** adversaire, dans le cadre d'un procès.
6. **Solliciter :** rendre visite à un juge ou à une personne influente pour gagner sa bienveillance.
7. **Équité :** justice.
8. **Douteuse :** incertaine.

PHILINTE

J'en demeure d'accord, mais la brigue[1] est fâcheuse[2],   190
Et...

ALCESTE

Non, j'ai résolu de n'en pas faire un pas[3] ;
J'ai tort ou j'ai raison.

PHILINTE

Ne vous y fiez pas.

ALCESTE

Je ne remuerai point.

PHILINTE

Votre partie est forte
Et peut, par sa cabale[4], entraîner...

ALCESTE

Il n'importe.

PHILINTE

Vous vous tromperez.   195

ALCESTE

Soit, j'en veux voir le succès[5].

PHILINTE

Mais...

ALCESTE

J'aurai le plaisir de perdre mon procès.

PHILINTE

Mais enfin...

ALCESTE

Je verrai, dans cette plaiderie[6],

---

1. **La brigue :** ici, les intrigues menées par l'adversaire d'Alceste.
2. **Fâcheuse :** préoccupante, dangereuse.
3. **Faire un pas :** faire une démarche, en l'occurrence, intriguer.
4. **Cabale :** ensemble d'intrigues destinées à perdre une personne, une cause ou un parti.
5. **Succès :** issue, favorable ou défavorable.
6. **Plaiderie :** procès (péjoratif).

Si les hommes auront assez d'effronterie,
Seront assez méchants, scélérats et pervers,
200 Pour me faire injustice aux yeux de l'univers.

PHILINTE

Quel homme !

ALCESTE

Je voudrais, m'en coutât-il grand'chose[1],
Pour la beauté du fait, avoir perdu ma cause.

PHILINTE

On se rirait de vous, Alceste, tout de bon[2],
Si l'on vous entendait parler de la façon[3].

ALCESTE

205 Tant pis pour qui rirait.

PHILINTE

Mais cette rectitude
Que vous voulez en tout avec exactitude,
Cette pleine droiture, où vous vous renfermez,
La trouvez-vous ici dans ce que[4] vous aimez ?
Je m'étonne, pour moi, qu'étant, comme il le semble,
210 Vous et le genre humain, si fort brouillés ensemble,
Malgré tout ce qui peut vous le rendre odieux,
Vous ayez pris chez lui ce qui charme[5] vos yeux ;
Et ce qui me surprend encore davantage,
C'est cet étrange choix où votre cœur s'engage.
215 La sincère Éliante a du penchant pour vous,
La prude[6] Arsinoé vous voit d'un œil fort doux :

---

1. **M'en coutât-il grand'chose :** même si je devais y perdre beaucoup d'argent.
2. **Tout de bon :** sincèrement.
3. **De la façon :** de cette façon.
4. **Ce que :** celle que.
5. **Charme :** envoûte, captive.
6. **Prude :** vertueuse jusqu'à l'austérité ; qui affecte cette vertu et cette sévérité ; hypocrite.

Cependant à leurs vœux[1] votre âme se refuse,
Tandis qu'en ses liens Célimène l'amuse[2],
De qui l'humeur coquette[3] et l'esprit médisant
Semblent si fort donner dans les mœurs d'à présent.   220
D'où vient que, leur portant une haine mortelle,
Vous pouvez bien souffrir ce qu'en tient cette belle[4] ?
Ne sont-ce plus défauts dans un objet[5] si doux ?
Ne les voyez-vous pas ? ou les excusez-vous ?

ALCESTE

Non, l'amour que je sens pour cette jeune veuve   225
Ne ferme point mes yeux aux défauts qu'on lui treuve[6],
Et je suis, quelque ardeur qu'elle m'ait pu donner,
Le premier à les voir, comme à les condamner.
Mais, avec tout cela, quoi que je puisse faire,
Je confesse mon faible : elle a l'art de me plaire ;   230
J'ai beau voir ses défauts et j'ai beau l'en blâmer,
En dépit qu'on en ait[7], elle se fait aimer :
Sa grâce est la plus forte, et sans doute ma flamme[8]
De ces vices du temps pourra purger[9] son âme.

PHILINTE

Si vous faites cela, vous ne ferez pas peu.   235
Vous croyez être donc aimé d'elle ?

ALCESTE

                    Oui, parbleu[10] !
Je ne l'aimerais pas si je ne croyais l'être.

---

1. **Vœux :** désirs amoureux.
2. **Amuse :** trompe, abuse en faisant perdre son temps.
3. **Humeur coquette :** nature séductrice.
4. **Ce qu'en tient cette belle :** ce en quoi cette belle observe les « mœurs d'à présent ».
5. **Objet :** être aimé.
6. **Treuve :** trouve (forme archaïque).
7. **En dépit qu'on en ait :** malgré tout.
8. **Ma flamme :** mon amour.
9. **Purger :** purifier, débarrasser.
10. **Parbleu :** par Dieu (juron).

PHILINTE

Mais, si son amitié[1] pour vous se fait paraître,
D'où vient que vos rivaux vous causent de l'ennui[2] ?

ALCESTE

240 C'est qu'un cœur bien atteint veut qu'on soit tout à lui
Et je ne viens ici qu'à dessein de[3] lui dire
Tout ce que là-dessus ma passion m'inspire.

PHILINTE

Pour moi, si je n'avais qu'à former des désirs,
Sa cousine Éliante aurait tous mes soupirs.
245 Son cœur, qui vous estime, est solide et sincère,
Et ce choix, plus conforme, était mieux votre affaire[4].

ALCESTE

Il est vrai, ma raison me le dit chaque jour ;
Mais la raison n'est pas ce qui règle l'amour.

PHILINTE

Je crains fort pour vos feux[5], et l'espoir où vous êtes
250 Pourrait...

---

1. **Amitié :** amour.
2. **Ennui :** tourment extrême, désespoir.
3. **À dessein de :** en vue de.
4. **Était mieux votre affaire :** vous aurait mieux convenu.
5. **Vos feux :** votre amour.

Clefs d'analyse

Acte I, scène 1.

Compréhension

▌ *Deux tempéraments opposés*

- Relever le vocabulaire d'ordre médical et le vocabulaire d'ordre moral utilisés pour rendre compte du comportement d'Alceste et de Philinte.
- Observer la façon dont s'expriment la mesure et l'honnêteté de Philinte.

▌ *Deux argumentaires*

- Distinguer quatre phases dans l'échange des deux personnages.
- Relever les reproches qu'Alceste fait à son ami et les arguments que celui-ci lui oppose.

Réflexion

▌ *Exposition*

- Analyser la fonction dramaturgique des différents portraits esquissés par Alceste et Philinte dans cette scène d'exposition.

▌ *Des personnages ambigus*

- Étudier les éléments comiques du personnage d'Alceste. Discuter le ridicule de celui-ci.

À retenir :

Une scène d'exposition doit éclairer le spectateur sur la nature et les enjeux de l'action à venir ainsi que sur les liens unissant les personnages. Riche en informations, elle doit rester suffisamment courte, claire et naturelle, pour éviter l'ennui, la confusion et l'invraisemblance. Ici, le choix de commencer in medias res par une dispute permet à Molière de caractériser les deux personnages en présence et leur univers. Enfin, es modalités de cette dispute elle-même donnent clairement la tonalité de la pièce : celle d'une comédie, certes, mais d'une comédie bien moins farcesque que sérieuse.

Scène 2 ORONTE, ALCESTE, PHILINTE

ORONTE, *à Alceste.*
                    J'ai su là-bas[1] que pour quelques emplettes
Éliante est sortie, et Célimène aussi ;
Mais, comme l'on m'a dit que vous étiez ici,
J'ai monté pour vous dire, et d'un cœur véritable[2],
Que j'ai conçu pour vous une estime incroyable,
255 Et que depuis longtemps cette estime m'a mis
Dans un ardent désir d'être de vos amis.
Oui, mon cœur au mérite aime à rendre justice,
Et je brûle qu'un nœud[3] d'amitié nous unisse.
Je crois qu'un ami chaud[4], et de ma qualité[5]
260 N'est pas assurément pour être rejeté.
C'est à vous, s'il vous plaît, que ce discours s'adresse.
*(En cet endroit Alceste paraît tout rêveur et semble n'enten-
dre pas qu'Oronte lui parle.)*

ALCESTE
À moi, Monsieur ?

ORONTE
                    À vous. Trouvez-vous qu'il vous blesse ?

ALCESTE
Non pas ; mais la surprise est fort grande pour moi,
Et je n'attendais pas l'honneur que je reçoi[6].

ORONTE
265 L'estime où[7] je vous tiens ne doit point vous surprendre,

---

1. **Là-bas :** en bas, au rez-de-chaussée. Conformément aux usages de la haute société, le salon de Célimène se situe à l'étage.
2. **Véritable :** sincère.
3. **Nœud :** lien affectif (vocabulaire précieux).
4. **Chaud :** sur les sentiments duquel on peut se fier.
5. **De ma qualité :** de mon rang, de ma noblesse, de ma naissance.
6. **Reçoi :** reçois (orthographe archaïque et licence pour la rime).
7. **Où :** en laquelle.

Et de tout l'univers vous la pouvez prétendre[1].

ALCESTE

Monsieur...

ORONTE

L'État[2] n'a rien qui ne soit au-dessous
Du mérite éclatant que l'on découvre en vous.

ALCESTE

Monsieur...

ORONTE

Oui, de ma part[3], je vous tiens préférable
À tout ce que j'y vois de plus considérable.   270

ALCESTE

Monsieur...

ORONTE

Sois-je du ciel écrasé[4], si je mens !
Et, pour vous confirmer ici mes sentiments,
Souffrez qu'à cœur ouvert, monsieur, je vous embrasse[5],
Et qu'en votre amitié je vous demande place.
Touchez là[6], s'il vous plaît ; vous me la promettez,   275
Votre amitié ?

ALCESTE

Monsieur...

ORONTE

Quoi ! vous y résistez ?

ALCESTE

Monsieur, c'est trop d'honneur que vous me voulez faire ;
Mais l'amitié demande un peu plus de mystère,
Et c'est assurément en profaner le nom

---

1. **Vous la pouvez prétendre :** vous pouvez y prétendre.
2. **L'État :** le royaume et les officiers qui s'y trouvent investis des plus hautes responsabilités.
3. **De ma part :** pour ma part, pour ce qui me concerne.
4. **Sois-je du ciel écrasé :** que le ciel m'écrase.
5. **Je vous embrasse :** je vous donne l'accolade.
6. **Touchez là :** donnez-moi la main et scellons ainsi notre entente.

280 Que de vouloir le mettre à toute occasion.
Avec lumière[1] et choix cette union veut naître ;
Avant que[2] nous lier, il faut nous mieux connaître,
Et nous pourrions avoir telles complexions[3]
Que tous deux du marché[4] nous nous repentirions.

ORONTE

285 Parbleu ! c'est là-dessus parler en homme sage,
Et je vous en estime encore davantage.
Souffrons donc que le temps forme des nœuds si doux ;
Mais cependant[5], je m'offre entièrement à vous.
S'il faut faire à la cour pour vous quelque ouverture[6],
290 On sait qu'auprès du roi je fais quelque figure[7] :
Il m'écoute, et dans tout il en use[8], ma foi,
Le plus honnêtement du monde avecque[9] moi.
Enfin je suis à vous de toutes les manières,
Et, comme votre esprit a de grandes lumières,
295 Je viens, pour commencer entre nous ce beau nœud[10],
Vous montrer un sonnet que j'ai fait depuis peu,
Et savoir s'il est bon qu'au public je l'expose.

ALCESTE

Monsieur, je suis mal propre[11] à décider la chose,
Veuillez m'en dispenser.

ORONTE
Pourquoi ?

---

1. **Avec lumière :** en connaissance de cause.
2. **Avant que :** avant de.
3. **Complexions :** tempéraments.
4. **Marché :** accord.
5. **Cependant :** en attendant.
6. **Faire à la cour pour vous quelque ouverture :** faire quelques démarches pour vous introduire à la cour.
7. **Je fais quelque figure :** j'ai une certaine importance.
8. **Il en use :** il se comporte.
9. **Avecque :** avec.
10. **Nœud :** amitié.
11. **Mal propre :** peu compétent.

ALCESTE
                                        J'ai le défaut
D'être un peu plus sincère en cela qu'il ne faut.   300

ORONTE
C'est ce que je demande, et j'aurais lieu de plainte[1]
Si, m'exposant[2] à vous pour me parler[3] sans feinte,
Vous alliez me trahir et me déguiser rien[4].

ALCESTE
Puisqu'il vous plaît ainsi, monsieur, je le veux bien.

ORONTE
« Sonnet... » C'est un sonnet. « L'espoir... » C'est une dame   305
Qui de quelque espérance avait flatté ma flamme[5].
« L'espoir... » Ce ne sont point de ces grands vers pompeux,
Mais de petits vers doux, tendres et langoureux.
(À toutes ces interruptions, il regarde Alceste.)

ALCESTE
Nous verrons bien.

ORONTE
                                        « L'espoir... » Je ne sais si le style
Pourra vous en paraître assez net et facile,   310
Et si du choix des mots vous vous contenterez.

ALCESTE
Nous allons voir, monsieur.

ORONTE
                                        Au reste, vous saurez
Que je n'ai demeuré[6] qu'un quart d'heure à le faire.

ALCESTE
Voyons, monsieur ; le temps ne fait rien à l'affaire.

ORONTE
L'espoir, il est vrai, nous soulage   315

---

1. **J'aurais lieu de plainte :** je me plaindrais à bon droit.
2. **M'exposant :** me livrant.
3. **Pour me parler :** pour que vous me parliez.
4. **Déguiser rien :** dissimuler quelque chose.
5. **Flatté ma flamme :** encouragé mon amour.
6. **Demeuré :** passé.

Et nous berce un temps notre ennui ;
Mais, Philis, le triste avantage
Lorsque rien ne marche après lui !

PHILINTE

Je suis déjà charmé de ce petit morceau.

ALCESTE, *bas.*

320 Quoi ! vous avez le front[1] de trouver cela beau ?

ORONTE

Vous eûtes de la complaisance ;
Mais vous en deviez moins avoir
Et ne vous pas mettre en dépense[2]
Pour ne me donner que l'espoir.

PHILINTE

225 Ah ! qu'en termes galants[3] ces choses-là sont mises !

ALCESTE, *bas.*

Morbleu ! vil complaisant, vous louez des sottises ?

ORONTE

S'il faut qu'une attente éternelle
Pousse à bout l'ardeur de mon zèle[4],
Le trépas sera mon recours[5].
330 Vos soins[6] ne m'en peuvent distraire ;
Belle Philis, on désespère
Alors qu'on espère toujours.

PHILINTE

La chute[7] en est jolie, amoureuse, admirable

ALCESTE, *bas.*

La peste de ta chute, empoisonneur au diable[8] !

---

1. **Front :** audace.
2. **Vous mettre en dépense :** vous donner du mal.
3. **Galants :** élégants, subtils et pleins de grâce.
4. **Zèle :** passion amoureuse.
5. **Mon recours :** ma dernière solution.
6. **Soins :** marques d'attention.
7. **Chute :** formule brillante sur laquelle se referme le sonnet.
8. **Au diable :** qui mérite d'aller au diable.

En eusses-tu fait une[1] à te casser le nez !   335

Philinte
Je n'ai jamais ouï de vers si bien tournés.

Alceste
Morbleu !

Oronte
Vous me flattez, et vous croyez peut-être...

Philinte
Non, je ne flatte point.

Alceste, *bas.*
Et que fais-tu donc, traître ?

Oronte, *à Alceste.*
Mais, pour vous, vous savez quel est notre traité :
Parlez-moi, je vous prie, avec sincérité.   340

Alceste
Monsieur, cette matière est toujours délicate,
Et sur le bel esprit[2] nous aimons qu'on nous flatte ;
Mais, un jour, à quelqu'un, dont je tairai le nom,
Je disais, en voyant des vers de sa façon,
Qu'il faut qu'un galant homme ait toujours grand empire[3]   345
Sur les démangeaisons qui nous prennent d'écrire ;
Qu'il doit tenir la bride[4] aux grands empressements
Qu'on a de faire éclat de[5] tels amusements,
Et que, par la chaleur de[6] montrer ses ouvrages,
On s'expose à jouer de mauvais personnages[7].   350

Oronte
Est-ce que vous voulez me déclarer par là
Que j'ai tort de vouloir...

---

1. **En eusses-tu fait une :** si seulement tu avais pu en faire une.
2. **Le bel esprit :** l'agilité intellectuelle.
3. **Empire :** maîtrise, contrôle.
4. **Tenir la bride :** refréner.
5. **Faire éclat de :** faire étalage de.
6. **Chaleur de :** empressement à, désir de.
7. **De mauvais personnages :** des rôles de peu de prix.

ALCESTE

Je ne dis pas cela ;
Mais je lui disais, moi, qu'un froid écrit assomme,
Qu'il ne faut que ce faible à décrier un homme[1],
355 Et qu'eût-on[2] d'autre part cent belles qualités,
On regarde les gens par leurs méchants[3] côtés.

ORONTE

Est-ce qu'à mon sonnet vous trouvez à redire ?

ALCESTE

Je ne dis pas cela ; mais pour ne point écrire[4],
Je lui mettais aux yeux comme[5], dans notre temps,
360 Cette soif a gâté[6] de fort honnêtes gens.

ORONTE

Est-ce que j'écris mal ? Et leur ressemblerais-je ?

ALCESTE

Je ne dis pas cela. Mais enfin, lui disais-je,
Quel besoin si pressant avez-vous de rimer,
Et qui diantre[7] vous pousse à vous faire imprimer ?
Si l'on peut pardonner l'essor[8] d'un mauvais livre,
365 Ce n'est qu'aux malheureux qui composent[9] pour vivre.
Croyez-moi, résistez à vos tentations,
Dérobez au public ces occupations,
Et n'allez point quitter, de quoi que l'on vous somme[10],
370 Le nom que dans la cour vous avez d'honnête homme,
Pour prendre, de la main d'un avide imprimeur,
Celui de ridicule et misérable auteur.

---

1. **Il ne faut [...] un homme :** cette faiblesse suffit à discréditer un homme.
2. **Eût-on :** même si on avait.
3. **Méchants :** mauvais.
4. **Pour ne point écrire :** pour l'inciter à ne plus écrire.
5. **Comme :** comment.
6. **Gâté :** terni l'image.
7. **Diantre :** diable (juron).
8. **Essor :** parution.
9. **Composent :** écrivent.
10. **De quoi que l'on vous somme :** quoi qu'on vous invite à faire.

C'est ce que je tâchai de lui faire comprendre.

ORONTE

Voilà qui va fort bien, et je crois vous entendre [1].
Mais ne puis-je savoir ce que dans mon sonnet...   375

ALCESTE

Franchement, il est bon à mettre au cabinet [2] ;
Vous vous êtes réglé sur de méchants modèles,
Et vos expressions ne sont point naturelles.
Qu'est-ce que « Nous berce un temps notre ennui » ?
Et que « Rien ne marche après lui » ?   380
Que « Ne vous pas mettre en dépense
Pour ne me donner que l'espoir » ?
Et que « Philis, on désespère
Alors qu'on espère toujours » ?
Ce style figuré [3], dont on fait vanité,   385
Sort du bon caractère [4] et de la vérité ;
Ce n'est que jeu de mots, qu'affectation pure,
Et ce n'est point ainsi que parle la nature.
Le méchant goût du siècle en cela me fait peur ;
Nos pères, tout grossiers [5], l'avaient beaucoup meilleur,   390
Et je prise [6] bien moins tout ce que l'on admire
Qu'une vieille chanson que je m'en vais vous dire :

Si le roi m'avait donné
    Paris, sa grand'ville,
Et qu'il me fallût quitter   395
    L'amour de ma mie [7],

---

1. **Entendre :** comprendre.
2. **Cabinet :** terme équivoque, désignant soit un meuble à tiroirs où l'on protège ses papiers personnels de tout regard extérieur, soit ce lieu « où on va aux nécessités de nature » (Furetière).
3. **Style figuré :** style recourant aux figures (images, jeux de sonorités…).
4. **Du bon caractère :** du naturel.
5. **Tout grossiers :** malgré leur manque de raffinement.
6. **Je prise :** j'estime.
7. **Ma mie :** mon amie, la femme que j'aime.

Je dirais au roi Henri :
Reprenez votre Paris,
J'aime mieux ma mie, au gué[1],
400   J'aime mieux ma mie.
La rime n'est pas riche, et le style en est vieux ;
Mais ne voyez-vous pas que cela vaut bien mieux
Que ces colifichets[2] dont le bon sens murmure[3],
Et que la passion parle là toute pure ?

405 Si le roi m'avait donné
      Paris, sa grand'ville,
Et qu'il me fallût quitter
      L'amour de ma mie,
Je dirais au roi Henri :
410 Reprenez votre Paris,
J'aime mieux ma mie, au gué,
      J'aime mieux ma mie.
Voilà ce que peut dire un cœur vraiment épris.
    (À Philinte.)
Oui, monsieur le rieur, malgré vos beaux esprits,
415 J'estime plus cela que la pompe[4] fleurie
De tous ces faux brillants, où chacun se récrie[5].

ORONTE
Et moi, je vous soutiens que mes vers sont fort bons.

ALCESTE
Pour les trouver ainsi vous avez vos raisons ;
Mais vous trouverez bon que j'en puisse avoir d'autres
420 Qui se dispenseront de se soumettre aux vôtres.

ORONTE
Il me suffit de voir que d'autres en font cas.

---

1. **Au gué** : refrain courant dans les chansons populaires.
2. **Colifichets** : ornements frivoles, artificiels et de mauvais goût.
3. **Dont le bon sens murmure** : que la raison condamne.
4. **Pompe** : majesté, emphase.
5. **Où chacun se récrie** : qu'admire à grands cris tout le monde.

ALCESTE

C'est qu'ils ont l'art de feindre ; et moi, je ne l'ai pas.

ORONTE

Croyez-vous donc avoir tant d'esprit en partage ?

ALCESTE

Si je louais vos vers, j'en aurais davantage.

ORONTE

Je me passerai bien que vous les approuviez.   425

ALCESTE

Il faut bien, s'il vous plaît, que vous vous en passiez.

ORONTE

Je voudrais bien, pour voir, que, de votre manière,
Vous en composassiez sur la même matière.

ALCESTE

J'en pourrais, par malheur, faire d'aussi méchants ;
Mais je me garderais de les montrer aux gens.   430

ORONTE

Vous me parlez bien ferme [1], et cette suffisance…

ALCESTE

Autre part que chez moi cherchez qui vous encense.

ORONTE

Mais, mon petit monsieur, prenez-le un peu moins haut [2].

ALCESTE

Ma foi, mon grand monsieur, je le prends comme il faut.

PHILINTE, *se mettant entre deux.*

Eh ! messieurs, c'en est trop ; laissez cela, de grâce !   435

ORONTE

Ah ! j'ai tort, je l'avoue, et je quitte la place.
Je suis votre valet [3], monsieur, de tout mon cœur.

ALCESTE

Et moi je suis, monsieur, votre humble serviteur [4].

---

1. **Bien ferme :** bien durement.
2. **Prenez-le un peu moins haut :** on prononce *prenez-l'un peu moins haut.*
3. **Je suis votre valet :** formule de politesse utilisée ici ironiquement.
4. **Je suis […] votre humble serviteur :** même remarque que ci-dessus.

Louis Jouvet dans le rôle de Philinte.

Clefs d'analyse

Compréhension

Une querelle littéraire

- Relever le vocabulaire de l'éloge, concernant le sonnet d'Oronte et la chanson d'Alceste.
- Relever le champ lexical du blâme.

Une situation explosive

- Étudier la façon dont Oronte entre en scène. Analyser les marques de sa vanité et de sa grossièreté.
- Observer les efforts rhétoriques d'Alceste pour ménager Oronte, puis la façon dont il étouffe sa colère et lui donne enfin libre cours.

Réflexion

Enjeux d'une querelle

- Analyser les différentes conceptions esthétiques et morales engagées par la chanson d'Alceste et le sonnet d'Oronte.

Le comique

- Examiner le rôle de la scène qui précède dans le comique de cette scène.
- Interpréter le rire de Philinte.

À retenir :

Le comique chez Molière ne résulte pas seulement de la représentation de personnages foncièrement ridicules. Il naît aussi d'un ballet verbal savamment réglé, exacerbant sur un mode mécanique l'opposition des personnages par divers effets de symétrie et de répétition, exploitant la vivacité des stichomythies, ne reculant pas devant le jeu de mots et sacrifiant à l'occasion au procédé de l'aparté, hérité de la commedia dell'arte.

Scène 3 Philinte, Alceste

PHILINTE

Hé bien ! vous le voyez : pour être trop sincère[1],
440   Vous voilà sur les bras une fâcheuse affaire ;
Et j'ai bien vu qu'Oronte, afin d'être flatté...

ALCESTE

Ne me parlez pas.

PHILINTE

Mais...

ALCESTE

Plus de société[2].

PHILINTE

C'est trop...

ALCESTE

Laissez-moi là.

PHILINTE

Si je...

ALCESTE

Point de langage[3].

PHILINTE

Mais quoi... !

ALCESTE

Je n'entends rien.

PHILINTE

Mais...

ALCESTE

Encore ?

---

1. **Pour être trop sincère :** parce que vous vous êtes montré trop sincère.
2. **Plus de société :** laissez-moi seul.
3. **Point de langage :** arrêtez de me parler.

PHILINTE

On outrage...

ALCESTE

Ah ! Parbleu ! c'en est trop, ne suivez point mes pas.   445

PHILINTE

Vous vous moquez de moi, je ne vous quitte pas.

Synthèse Acte I

Un acte d'exposition

Personnages

Le misanthrope, l'honnête homme et le vaniteux auteur

Alceste, qui se veut le champion de la sincérité, est épris de Célimène avec laquelle il souhaiterait avoir une conversation privée. Son ami et confident Philinte professe au contraire une philosophie et une vision du monde toutes de modération et de compromis pacifiques.

Oronte, type même de l'auteur vaniteux, apparaît comme le premier fâcheux empêchant Alceste de s'entretenir avec Célimène.

Langage

Préciosité d'Oronte, archaïsme d'Alceste

La célèbre « scène du sonnet » confronte Oronte, poète précieux, et Alceste, défenseur de la rudesse ancienne (sans doute celle de la cour du roi Henri IV, contre laquelle s'était justement développée la préciosité). Le poème d'Oronte concentre en quelques vers les différentes caractéristiques de la littérature précieuse : apostrophe, dénomination antiquisante de la femme aimée, oxymores et antithèses, métaphores sophistiquées et parfois obscures, recherche de la pointe, etc. Au contraire, la « vieille chanson » défendue par Alceste présente tous les traits de la littérature populaire en sa naïve franchise. Sont ainsi renvoyés dos à dos les excès de la préciosité et la platitude, voire la vulgarité, de la verve populaire ancienne.

Société

La conception libertine de l'amitié

En évoquant les relations humaines sous l'angle de l'échange et en multipliant les métaphores liées au domaine du commerce, Philinte marque son allégeance à la conception de l'amitié promue, au XVIIe siècle, par les libertins.

ACTE II
Scène 1 ALCESTE, CÉLIMÈNE

ALCESTE

Madame, voulez-vous que je vous parle net ?
De vos façons d'agir je suis mal satisfait ;
Contre elles dans mon cœur trop de bile[1] s'assemble,
Et je sens qu'il faudra que nous rompions ensemble.   450
Oui, je vous tromperais de parler autrement :
Tôt ou tard nous romprons indubitablement[2],
Et je vous promettrais mille fois le contraire
Que je ne serais pas[3] en pouvoir de le faire.

CÉLIMÈNE

C'est pour me quereller donc, à ce que je voi[4],   455
Que vous avez voulu me ramener chez moi ?

ALCESTE

Je ne querelle point ; mais votre humeur[5], madame,
Ouvre au premier venu trop d'accès dans votre âme ;
Vous avez trop d'amants[6], qu'on voit vous obséder[7],
Et mon cœur de cela ne peut s'accommoder.   460

CÉLIMÈNE

Des amants que je fais me rendez-vous coupable ?
Puis-je empêcher les gens de me trouver aimable[8] ?
Et, lorsque pour me voir ils font de doux efforts,
Dois-je prendre un bâton pour les mettre dehors ?

---

1. **Bile :** la bile jaune et la bile noire sont les deux humeurs respectivement associées aux tempéraments colérique et mélancolique.
2. **Indubitablement :** sans aucun doute.
3. **Je vous promettrais [...] que je ne serais pas :** même si je vous
   promettais... je ne serais pas...
4. **Voi :** vois (orthographe archaïque et licence pour la rime).
5. **Humeur :** tempérament, conduite.
6. **Amants :** prétendants.
7. **Obséder :** entourer, fréquenter avec assiduité, accaparer.
8. **Aimable :** digne d'être aimée.

ALCESTE

465 Non, ce n'est pas, madame, un bâton qu'il faut prendre,
Mais un cœur à leurs vœux[1] moins facile et moins tendre.
Je sais que vos appas[2] vous suivent en tous lieux ;
Mais votre accueil retient ceux qu'attirent vos yeux,
Et sa douceur, offerte à qui vous rend les armes,
470 Achève sur les cours l'ouvrage de vos charmes[3].
Le trop riant espoir que vous leur présentez
Attache autour de vous leurs assiduités[4],
Et votre complaisance un peu moins étendue
De tant de soupirants[5] chasserait la cohue.
475 Mais au moins dites-moi, madame, par quel sort[6]
Votre Clitandre a l'heur[7] de vous plaire si fort.
Sur quel fonds[8] de mérite et de vertu sublime
Appuyez-vous en lui l'honneur de votre estime ?
Est-ce par l'ongle long qu'il porte au petit doigt[9]
480 Qu'il s'est acquis chez vous l'estime où l'on le voit ?
Vous êtes-vous rendue, avec tout le beau monde,
Au mérite éclatant de sa perruque blonde[10] ?
Sont-ce ses grands canons[11] qui vous le font aimer ?

---

1. **Vœux :** désirs amoureux.
2. **Appas :** attraits, charmes.
3. **Charmes :** attraits dont le pouvoir d'attraction irrésistible relève de la magie.
4. **Assiduités :** manifestations d'empressement auprès d'une femme.
5. **Soupirants :** prétendants.
6. **Par quel sort :** par quel sortilège, par quel mystère.
7. **Heur :** bonheur, chance.
8. **Fonds :** capital.
9. **L'ongle long qu'il porte au petit doigt :** indice, au milieu du XVIIe siècle, du galant à la mode.
10. **Perruque blonde :** le blond était alors la couleur de cheveux à la mode. Cette couleur fait de Clitandre un « blondin », catégorie de personnes, selon Furetière, fort appréciée des « coquettes ».
11. **Canons :** d'après Furetière, « ornement de toile rond fort large, et souvent orné de dentelle, qu'on attache au-dessous du genou, qui pend jusqu'à la moitié de la jambe pour la couvrir ». L'accessoire est en vogue à l'heure du *Misanthrope*.

L'amas de ses rubans a-t-il su vous charmer ?
Est-ce par les appas de sa vaste rhingrave[1]   485
Qu'il a gagné votre âme, en faisant votre esclave[2] ?
Ou sa façon de rire et son ton de fausset[3]
Ont-ils de vous toucher su trouver le secret ?

CÉLIMÈNE

Qu'injustement de lui vous prenez de l'ombrage[4] !
Ne savez-vous pas bien pourquoi je le ménage,   490
Et que dans mon procès, ainsi qu'il m'a promis,
Il peut intéresser[5] tout ce qu'il a d'amis ?

ALCESTE

Perdez votre procès, madame, avec constance[6],
Et ne ménagez point un rival qui m'offense.

CÉLIMÈNE

Mais de tout l'univers vous devenez jaloux.   495

ALCESTE

C'est que tout l'univers est bien reçu de vous.

CÉLIMÈNE

C'est ce qui doit rasseoir[7] votre âme effarouchée[8],
Puisque ma complaisance est sur tous épanchée ;
Et vous auriez plus lieu de vous en offenser
Si vous me la voyiez sur un seul ramasser.   500

ALCESTE

Mais moi, que vous blâmez de trop de jalousie,
Qu'ai-je de plus qu'eux tous, madame, je vous prie ?

---

1. **Rhingrave :** d'après Furetière, « culotte, ou haut-de-chausses, fort ample, attachée aux bas avec plusieurs rubans, dont un Rhingrave ou prince allemand a amené la mode en France ».
2. **En faisant votre esclave :** en se faisant passer auprès de vous pour votre esclave.
3. **Ton de fausset :** voix de tête efféminée.
4. **Prendre de l'ombrage :** être jaloux.
5. **Intéresser :** éveiller l'intérêt de.
6. **Avec constance :** avec force d'âme, sans en être troublée.
7. **Rasseoir :** apaiser.
8. **Effarouchée :** inquiète.

CÉLIMÈNE

Le bonheur de savoir que vous êtes aimé.

ALCESTE

Et quel lieu de le croire a mon cœur enflammé ?

CÉLIMÈNE

505 Je pense qu'ayant pris le soin de vous le dire,
Un aveu de la sorte a de quoi vous suffire.

ALCESTE

Mais qui m'assurera[1] que dans le même instant
Vous n'en disiez peut-être aux autres tout autant ?

CÉLIMÈNE

Certes, pour un amant, la fleurette[2] est mignonne[3],
510 Et vous me traitez là de gentille[4] personne.
Hé bien ! pour vous ôter d'un semblable souci[5],
De tout ce que j'ai dit je me dédis ici,
Et rien ne saurait plus vous tromper que vous-même :
Soyez content.

ALCESTE

Morbleu ! faut-il que je vous aime !
515 Ah ! que si[6] de vos mains je rattrape mon cœur,
Je bénirai le ciel de ce rare bonheur !
Je ne le cèle pas[7], je fais tout mon possible
À rompre de ce cœur l'attachement terrible ;
Mais mes plus grands efforts n'ont rien fait jusqu'ici,
520 Et c'est pour mes péchés[8] que je vous aime ainsi.

CÉLIMÈNE

Il est vrai, votre ardeur est pour moi sans seconde[9].

---

1. **Qui m'assurera :** qu'est-ce qui m'assurera.
2. **Fleurette :** propos galant.
3. **Mignonne :** agréable.
4. **Gentille :** noble (employé ici ironiquement).
5. **Souci :** inquiétude.
6. **Que si :** si.
7. **Celer :** cacher.
8. **Pour mes péchés :** pour expier mes péchés.
9. **Sans seconde :** sans égale.

ALCESTE

Oui, je puis là-dessus défier tout le monde ;
Mon amour ne se peut concevoir et jamais
Personne n'a, madame, aimé comme je fais.

CÉLIMÈNE

En effet, la méthode en est toute nouvelle[1],   525
Car vous aimez les gens pour leur faire querelle ;
Ce n'est qu'en mots fâcheux qu'éclate votre ardeur,
Et l'on n'a vu jamais un amour si grondeur.

ALCESTE

Mais il ne tient qu'à vous que son chagrin[2] ne passe.
À tous nos démêlés coupons chemin[3], de grâce,   530
Parlons à cœur ouvert, et voyons d'arrêter[4]...

Scène 2 CÉLIMÈNE, ALCESTE, BASQUE

CÉLIMÈNE

Qu'est-ce ?

BASQUE

Acaste est là-bas[5].

CÉLIMÈNE

Hé bien ! faites monter.

ALCESTE

Quoi ! l'on ne peut jamais vous parler tête à tête ?
À recevoir le monde on vous voit toujours prête,
Et vous ne pouvez pas, un seul moment de tous,   535
Vous résoudre à souffrir de n'être pas chez vous[6] ?

---

1. **La méthode en est toute nouvelle :** la manière dont vous vous y prenez pour manifester votre amour est toute nouvelle.
2. **Chagrin :** caractère irascible, aigreur.
3. **Coupons chemin :** mettons un terme. Selon Furetière, « on dit [...] *couper chemin* à une maladie, à un procès, pour dire la prévenir, ou en empêcher le cours ».
4. **Voyons d'arrêter :** réfléchissons au moyen d'arrêter.
5. **Là-bas :** en bas, dans la salle du rez-de-chaussée.
6. **Vous résoudre [...] pas chez vous :** faire dire que vous êtes sortie.

Célimène

Voulez-vous qu'avec lui je me fasse une affaire[1] ?

Alceste

Vous avez des regards[2] qui ne sauraient me plaire.

Célimène

C'est un homme à jamais ne me le pardonner,
540   S'il savait que sa vue eût pu m'importuner.

Alceste

Et que vous fait cela pour vous gêner de sorte[3] ? ...

Célimène

Mon Dieu ! de ses pareils la bienveillance importe,
Et ce sont de ces gens qui, je ne sais comment,
Ont gagné[4] dans la cour de parler hautement.
545   Dans tous les entretiens on les voit s'introduire ;
Ils ne sauraient servir, mais ils peuvent nous nuire,
Et jamais, quelque appui qu'on puisse avoir d'ailleurs,
On ne doit se brouiller avec ces grands brailleurs[5].

Alceste

Enfin, quoi qu'il en soit et sur quoi qu'on se fonde,
550   Vous trouvez des raisons pour souffrir[6] tout le monde,
Et les précautions de votre jugement...

Scène 3 Basque, Alceste, Célimène

Basque

Voici Clitandre encor, madame.

---

1. **Qu'avec lui je me fasse une affaire :** que j'en vienne à me disputer avec lui.
2. **Regards :** égards.
3. **Pour vous gêner de sorte :** pour que vous vous imposiez une telle contrainte.
4. **Ont gagné :** ont emporté le droit.
5. **Brailleurs :** hommes qui parlent « hautement et avec liberté de toutes choses » (Furetière).
6. **Souffrir :** accepter, supporter.

ALCESTE
Justement.

(Il témoigne vouloir s'en aller[1].)

CÉLIMÈNE

Où courez-vous ?

ALCESTE
Je sors.

CÉLIMÈNE
Demeurez.

ALCESTE
Pour quoi faire ?

CÉLIMÈNE

Demeurez.

ALCESTE
Je ne puis.

CÉLIMÈNE
Je le veux.

ALCESTE
Point d'affaire[2] ;
Ces conversations ne font que m'ennuyer,   555
Et c'est trop que vouloir me les faire essuyer[3].

CÉLIMÈNE

Je le veux, je le veux.

ALCESTE
Non, il m'est impossible.

CÉLIMÈNE

Hé bien ! allez, sortez, il vous est tout loisible[4].

---

1. **Témoigner vouloir s'en aller :** manifester son intention de partir.
2. **Point d'affaire :** rien à faire, inutile d'insister.
3. **Essuyer :** subir, endurer.
4. **Il vous est tout loisible :** vous êtes libre de le faire (en l'occurrence, de prendre congé).

Scène 4 Éliante, Philinte, Acaste, Clitandre, Alceste, Célimène, Basque

ÉLIANTE

Voici les deux marquis qui montent avec nous ;
560 Vous l'est-on venu dire ?

CÉLIMÈNE

Oui, des sièges pour tous !

(À Alceste.)
Vous n'êtes pas sorti ?

ALCESTE

Non ; mais je veux, madame,
Ou pour eux, ou pour moi, faire expliquer votre âme[1].

CÉLIMÈNE

Taisez-vous.

ALCESTE

Aujourd'hui vous vous expliquerez.

CÉLIMÈNE

Vous perdez le sens[2].

ALCESTE

Point. Vous vous déclarerez.

CÉLIMÈNE

565 Ah !

ALCESTE

Vous prendrez parti.

CÉLIMÈNE

Vous vous moquez, je pense.

ALCESTE

Non, mais vous choisirez ; c'est trop de patience.

---

1. **Je veux [...] faire expliquer votre âme** : je veux que vous vous déclariez à cœur ouvert.
2. **Perdre le sens** : perdre la raison, devenir fou.

CLITANDRE

Parbleu ! je viens du Louvre[1], où Cléonte, au levé[2],
Madame, a bien paru ridicule achevé.
N'a-t-il point quelque ami qui pût, sur ses manières,
D'un charitable avis lui prêter les lumières ?   570

CÉLIMÈNE

Dans le monde, à vrai dire, il se barbouille[3] fort ;
Partout il porte un air qui saute aux yeux d'abord[4] ;
Et, lorsqu'on le revoit après un peu d'absence,
On le retrouve encor plus plein d'extravagance.

ACASTE

Parbleu ! s'il faut parler des gens extravagants,   575
Je viens d'en essuyer un des plus fatigants,
Damon, le raisonneur[5], qui m'a, ne vous déplaise,
Une heure, au grand soleil, tenu hors de ma chaise[6].

CÉLIMÈNE

C'est un parleur étrange, et qui trouve toujours
L'art de ne vous rien dire avec de grands discours ;   580
Dans les propos qu'il tient on ne voit jamais goutte[7],
Et ce n'est que du bruit que tout ce qu'on écoute.

ÉLIANTE, *à Philinte.*

Ce début n'est pas mal ; et contre le prochain
La conversation prend un assez bon train[8].

CLITANDRE

Timante encor, madame, est un bon caractère[9].   585

---

1. **Louvre :** résidence parisienne de Louis XIV, avant qu'il s'installe
définitivement à Versailles en 1682.
2. **Au levé :** au lever du roi. Seules les personnalités les plus en faveur
à la cour avaient le privilège d'assister à cette cérémonie publique.
3. **Se barbouiller :** se ridiculiser.
4. **Qui saute aux yeux d'abord :** qui surprend d'emblée.
5. **Raisonneur :** bavard.
6. **Chaise :** chaise à porteurs.
7. **On ne voit jamais goutte :** on ne comprend jamais rien.
8. **Train :** tournure.
9. **Un bon caractère :** une personnalité digne d'être étudiée.

CÉLIMÈNE

C'est, de la tête aux pieds, un homme tout mystère[1],
Qui vous jette en passant un coup d'œil égaré,
Et, sans aucune affaire, est toujours affairé.
Tout ce qu'il vous débite en grimaces[2] abonde ;
590 À force de façons[3], il assomme le monde :
Sans cesse il a, tout bas, pour rompre l'entretien,
Un secret à vous dire, et ce secret n'est rien ;
De la moindre vétille[4] il fait une merveille,
Et, jusques au bonjour, il dit tout à l'oreille[5].

ACASTE

595 Et Géralde, madame ?

CÉLIMÈNE

      Ô l'ennuyeux conteur !
Jamais on ne le voit sortir du grand seigneur[6] ;
Dans le brillant commerce[7] il se mêle sans cesse
Et ne cite jamais que duc, prince ou princesse :
La qualité l'entête[8], et tous ses entretiens
600 Ne sont que de chevaux, d'équipage[9] et de chiens ;
Il tutaye[10] en parlant ceux du plus haut étage[11],
Et le nom de monsieur est chez lui hors d'usage.

CLITANDRE

On dit qu'avec Bélise il est du dernier bien[12].

---

1. **Tout mystère :** secret, faisant mystère de tout.
2. **Grimaces :** détours, dissimulations, affectation.
3. **À force de façons :** à force de se comporter de manière affectée.
4. **Vétille :** bagatelle, sujet sans importance.
5. **À l'oreille :** à voix basse, comme en secret.
6. **On ne le voit jamais sortir du grand seigneur :** sa conversation ne roule que sur les personnes de haut rang.
7. **Brillant commerce :** brillantes relations.
8. **La qualité l'entête :** la noblesse est sa seule et unique préoccupation.
9. **Équipage :** tout le matériel et le personnel nécessaires pour chasser.
10. **Tutaye :** tutoie.
11. **Du plus haut étage :** du plus haut rang social, de la meilleure naissance.
12. **Du dernier bien :** dans les meilleurs termes.

CÉLIMÈNE

Le pauvre esprit de femme, et le sec entretien !
Lorsqu'elle vient me voir, je souffre le martyre :   605
Il faut suer sans cesse à chercher que lui dire,
Et la stérilité[1] de son expression
Fait mourir à tous coups la conversation.
En vain, pour attaquer son stupide silence,
De tous les lieux communs vous prenez l'assistance :   610
Le beau temps et la pluie, et le froid et le chaud
Sont des fonds[2] qu'avec elle on épuise bientôt.
Cependant sa visite, assez[3] insupportable,
Traîne en une longueur encore épouvantable,
Et l'on demande l'heure, et l'on bâille vingt fois,   615
Qu'elle grouille[4] autant qu'une pièce de bois.

ACASTE

Que vous semble d'Adraste ?

CÉLIMÈNE

               Ah ! quel orgueil extrême !
C'est un homme gonflé de l'amour de soi-même ;
Son mérite jamais n'est content de la cour,
Contre elle il fait métier de pester chaque jour.   620
Et l'on ne donne emploi[5], charge[6] ni bénéfice[7],
Qu'à tout ce qu'il se croit[8] on ne fasse injustice.

CLITANDRE

Mais le jeune Cléon, chez qui vont aujourd'hui
Nos plus honnêtes gens, que dites-vous de lui ?

CÉLIMÈNE

Que de son cuisinier il s'est fait un mérite,   625

---

1. **Stérilité** : pauvreté.
2. **Fonds** : sujets de conversation.
3. **Assez** : tout particulièrement.
4. **Grouiller** : bouger, remuer.
5. **Emploi** : fonction temporaire.
6. **Charge** : fonction permanente.
7. **Bénéfice** : « titre ou dignité ecclésiastique, accompagné de revenus » (*Dictionnaire de l'Académie*, 1694).
8. **Tout ce qu'il se croit** : toutes les qualités qu'il se prête.

Et que c'est à sa table à qui l'on rend visite.

ÉLIANTE

Il prend soin d'y servir des mets fort délicats.

CÉLIMÈNE

Oui, mais je voudrais bien qu'il ne s'y servît pas ;
C'est un fort méchant plat que sa sotte personne,
630 Et qui gâte, à mon goût, tous les repas qu'il donne.

PHILINTE

On fait assez de cas de son oncle Damis.
Qu'en dites-vous, madame ?

CÉLIMÈNE

Il est de mes amis.

PHILINTE

Je le trouve honnête homme et d'un air assez sage.

CÉLIMÈNE

Oui, mais il veut avoir trop d'esprit, dont[1] j'enrage :
635 Il est guindé[2] sans cesse, et dans tous ses propos
On voit qu'il se travaille à[3] dire de bons mots.
Depuis que dans la tête il s'est mis d'être habile[4],
Rien ne touche son goût[5], tant il est difficile ;
Il veut voir des défauts à tout ce qu'on écrit,
640 Et pense que louer n'est pas d'un bel esprit[6],
Que c'est être savant que trouver à redire,
Qu'il n'appartient qu'aux sots d'admirer et de rire,
Et qu'en n'approuvant rien des ouvrages du temps
Il se met au-dessus de tous les autres gens.
645 Aux conversations même il trouve à reprendre,
Ce sont propos trop bas pour y daigner descendre,
Et, les deux bras croisés, du haut de son esprit

---

1. **Dont :** ce dont.
2. **Il est guindé :** il manque de naturel.
3. **Se travailler à :** se mettre à la torture pour.
4. **Habile :** spirituel et cultivé.
5. **Rien ne touche son goût :** il n'aime rien.
6. **N'est pas d'un bel esprit :** n'est pas digne d'un bel esprit.

Il regarde en pitié tout ce que chacun dit.

ACASTE

Dieu me damne ! Voilà son portrait véritable.

CLITANDRE

Pour bien peindre les gens vous êtes admirable !   650

ALCESTE

Allons, ferme[1], poussez[2], mes bons amis de cour !
Vous n'en épargnez point, et chacun a son tour.
Cependant aucun d'eux à vos yeux ne se montre
Qu'on ne vous voie en hâte aller à sa rencontre,
Lui présenter la main et d'un baiser flatteur   655
Appuyer les serments d'être son serviteur.

CLITANDRE

Pourquoi s'en prendre à nous ? Si ce qu'on dit vous blesse,
Il faut que le reproche à madame s'adresse.

ALCESTE

Non, morbleu ! c'est à vous ; et vos ris[3] complaisants
Tirent de son esprit tous ces traits médisants ;   660
Son humeur satirique est sans cesse nourrie
Par le coupable encens de votre flatterie,
Et son cœur à railler trouverait moins d'appas
S'il avait observé qu'on ne l'applaudît pas.
C'est ainsi qu'aux flatteurs on doit partout se prendre[4]   665
Des vices où l'on voit les humains se répandre[5].

PHILINTE

Mais pourquoi pour ces gens un intérêt si grand,
Vous qui condamneriez ce qu'en eux on reprend ?

CÉLIMÈNE

Et ne faut-il pas bien que monsieur contredise ?
À la commune voix veut-on qu'il se réduise,   670

---

1. **Ferme :** haut les cœurs !
2. **Poussez :** continuez hardiment et portez un coup (terme d'escrime).
3. **Ris :** rires.
4. **Se prendre :** s'en prendre.
5. **Se répandre :** tomber.

Et qu'il ne fasse pas éclater en tous lieux
L'esprit contrariant qu'il a reçu des cieux ?
Le sentiment[1] d'autrui n'est jamais pour lui plaire,
Il prend toujours en main l'opinion contraire,
675　Et penserait paraître un homme du commun
Si l'on voyait qu'il fût de l'avis de quelqu'un.
L'honneur de contredire a pour lui tant de charmes
Qu'il prend contre lui-même assez souvent les armes,
Et ses vrais sentiments sont combattus par lui
680　Aussitôt qu'il les voit dans la bouche d'autrui.

ALCESTE

Les rieurs sont pour vous, madame, c'est tout dire,
Et vous pouvez pousser contre moi la satire.

PHILINTE

Mais il est véritable aussi que votre esprit
Se gendarme[2] toujours contre tout ce qu'on dit,
685　Et que, par un chagrin[3] que lui-même il avoue,
Il ne saurait souffrir qu'on blâme ni qu'on loue.

ALCESTE

C'est que jamais, morbleu ! Les hommes n'ont raison,
Que le chagrin contre eux est toujours de saison,
Et que je vois qu'ils sont, sur toutes les affaires,
690　Loueurs impertinents[4] ou censeurs[5] téméraires.

CÉLIMÈNE

Mais…

ALCESTE

　　Non, madame, non, quand j'en devrais mourir[6],
Vous avez des plaisirs que je ne puis souffrir ;
Et l'on a tort, ici, de nourrir dans votre âme

---

1. **Sentiment :** opinion, jugement.
2. **Se gendarmer :** s'indigner, protester.
3. **Chagrin :** aigreur.
4. **Loueurs impertinents :** personnes multipliant les éloges hors de propos.
5. **Censeurs :** critiques.
6. **Quand j'en devrais mourir :** même si je devais en mourir.

Ce grand attachement aux défauts qu'on y blâme.

CLITANDRE

Pour moi, je ne sais pas ; mais j'avouerai tout haut   695
Que j'ai cru jusqu'ici madame sans défaut.

ACASTE

De grâces et d'attraits je vois qu'elle est pourvue ;
Mais les défauts qu'elle a ne frappent point ma vue.

ALCESTE

Ils frappent tous la mienne, et, loin de m'en cacher [1],
Elle sait que j'ai soin de les lui reprocher.   700
Plus on aime quelqu'un, moins il faut qu'on le flatte :
À ne rien pardonner le pur amour éclate ;
Et je bannirais, moi, tous ces lâches amants
Que je verrais soumis à tous mes sentiments,
Et dont, à tout propos, les molles complaisances   705
Donneraient de l'encens à [2] mes extravagances.

CÉLIMÈNE

Enfin, s'il faut qu'à vous s'en rapportent les cœurs [3],
On doit, pour bien aimer, renoncer aux douceurs,
Et du parfait amour mettre l'honneur suprême
À bien injurier [4] les personnes qu'on aime.   710

ÉLIANTE

L'amour, pour l'ordinaire [5], est peu fait à ces lois,
Et l'on voit les amants vanter toujours leur choix ;
Jamais leur passion n'y voit rien de blâmable,
Et dans l'objet aimé [6] tout leur devient aimable ;
Ils comptent les défauts pour des perfections,   715

---

1. **Loin de m'en cacher :** loin que je fasse semblant de ne pas voir les défauts de Célimène.
2. **Donner de l'encens à :** célébrer, flatter, faire l'éloge.
3. **S'il faut qu'à vous s'en rapportent les cœurs :** à vous en croire, s'il faut se fier à vous.
4. **Injurier :** blesser en paroles.
5. **Pour l'ordinaire :** ordinairement.
6. **L'objet aimé :** l'être aimé.

Et savent y[1] donner de favorables noms.
La pâle est aux jasmins en blancheur comparable ;
La noire[2] à faire peur, une brune adorable ;
La maigre a de la taille[3] et de la liberté[4] ;
720   La grasse est dans son port pleine de majesté ;
La malpropre[5] sur soi, de peu d'attraits chargée,
Est mise sous le nom de beauté négligée ;
La géante paraît une déesse aux yeux ;
La naine, un abrégé des merveilles des cieux ;
725   L'orgueilleuse a le cœur digne d'une couronne ;
La fourbe a de l'esprit, la sotte est toute bonne ;
La trop grande parleuse est d'agréable humeur,
Et la muette garde une honnête pudeur.
C'est ainsi qu'un amant dont l'ardeur est extrême
730   Aime jusqu'aux défauts des personnes qu'il aime.

ALCESTE

Et moi, je soutiens, moi...

CÉLIMÈNE

               Brisons là ce discours[6],
Et dans la galerie[7] allons faire deux tours.
Quoi ! Vous vous en allez, messieurs ?

CLITANDRE ET ACASTE

                      Non pas, madame.

ALCESTE

La peur de leur départ occupe fort votre âme.
735   Sortez quand vous voudrez, messieurs ; mais j'avertis
Que je ne sors qu'après que vous serez sortis.

---

1. **Y** : leur.
2. **La noire** : celle qui a le teint bronzé, alors que la mode est aux teints pâles pour les femmes du monde du XVIIe siècle.
3. **A de la taille** : est élancée.
4. **De la liberté** : de l'aisance dans ses mouvements.
5. **Malpropre** : vêtue sans soin et sans élégance.
6. **Brisons là ce discours** : mettons un terme à ces propos.
7. **Galerie** : selon Furetière, « lieu couvert d'une maison qui est ordinairement sur les ailes, où se promène ».

ACASTE

À moins de voir madame en être importunée,
Rien ne m'appelle ailleurs de toute la journée.

CLITANDRE

Moi, pourvu que je puisse être au petit couché[1],
Je n'ai point d'autre affaire où je sois attaché. 740

CÉLIMÈNE

C'est pour rire, je crois.

ALCESTE

      Non, en aucune sorte ;
Nous verrons si c'est moi que vous voudrez qui sorte.

---

1. **Petit couché** : coucher du roi. Seules les personnalités les plus en
faveur à la cour avaient le privilège d'assister à cette cérémonie
publique.

Clefs d'analyse

Acte II, scène 4.

Compréhension

Le courroux d'Alceste

- Relever à quel moment Alceste prend la parole.
- Étudier de quelle manière s'exprime sa colère, puis comment Célimène et les courtisans réagissent à son discours.

Le portrait, jeu mondain

- Remarquer qui amorce les différents portraits.
- Observer selon quels critères Célimène critique les personnages qu'elle portraiture.

Réflexion

L'art du portrait

- Analyser ce qui rend si comiques les différents portraits.
- Montrer en quoi se dessine, à travers ces portraits, le portrait de Célimène elle-même.

La tirade d'Éliante : indulgence et burlesque

- Exposer sur quoi repose le comique de la tirade d'Éliante.
- Analyser ce qui rend cette tirade moins agressive que les portraits de Célimène.

À retenir :

Au XVIIᵉ siècle, le portrait est un divertissement mondain et un genre littéraire, qui allie le raffinement précieux et les plaisirs de la conversation. Le portrait n'est pas systématiquement médisant et il peut être tracé en présence des modèles. Dans cette scène, les personnages décrits sont tous absents. Leur évocation ne vise qu'à mettre en évidence leur ridicule et à les transformer en caricatures. En outre, au lieu que la parole passe d'un personnage à l'autre, c'est Célimène qui est ici au centre de la conversation, ses visiteurs étant de simples auditeurs. C'est donc la forte personnalité de la maîtresse de maison qui vient modifier les règles du jeu mondain.

Scène 5

BASQUE, ALCESTE,
CÉLIMÈNE, ÉLIANTE,
ACASTE, PHILINTE,
CLITANDRE

BASQUE, À ALCESTE.
Monsieur, un homme est là qui voudrait vous parler,
Pour affaire, dit-il, qu'on ne peut reculer.

ALCESTE
Dis-lui que je n'ai point d'affaires si pressées.   745

BASQUE
Il porte une jaquette à grand'basques plissées[1],
Avec du dor[2] dessus.

CÉLIMÈNE
       Allez voir ce que c'est
Ou bien faites-le entrer[3].

ALCESTE, AU GARDE QUI ENTRE.
       Qu'est-ce donc qu'il[4] vous plaît ?
Venez, monsieur.

---

1. **Jaquette à grand'basques plissées :** uniforme des gardes de la maréchaussée (l'équivalent des gendarmes aujourd'hui).
2. **Du dor :** de l'or (expression populaire). Basque désigne ici les galons dorés de l'uniforme.
3. **Faites-le entrer :** on prononce *faites-l'entrer*.
4. **Qu'il :** qui.

Scène 6
GARDE, ALCESTE, CÉLIMÈNE,
PHILINTE, ÉLIANTE, ACASTE,
CLITANDRE

GARDE
Monsieur, j'ai deux mots à vous dire.

ALCESTE
750 Vous pouvez parler haut, monsieur, pour m'en instruire.

GARDE
Messieurs les maréchaux[1], dont j'ai commandement,
Vous mandent[2] de venir les trouver promptement,
Monsieur.

ALCESTE
Qui ? moi, monsieur ?

GARDE
Vous-même.

ALCESTE
Et pour quoi faire ?

PHILINTE
C'est d'Oronte et de vous la ridicule affaire.

CÉLIMÈNE
755 Comment ?

PHILINTE
Oronte et lui se sont tantôt bravés[3]
Sur certains petits vers qu'il n'a pas approuvés,
Et l'on veut assoupir[4] la chose en sa naissance.

---

1. **Messieurs les maréchaux :** le Tribunal des maréchaux de France
   avait pour fonction ordinaire d'amener les gentilshommes à régler
   pacifiquement les conflits qui les opposaient, en ménageant notamment une sortie honorable aux parties en présence.
2. **Mander :** ordonner.
3. **Bravés :** défiés.
4. **Assoupir :** calmer.

ALCESTE

Moi, je n'aurai jamais de lâche complaisance.

PHILINTE

Mais il faut suivre l'ordre : allons, disposez-vous…

ALCESTE

Quel accommodement veut-on faire entre nous ?   760
La voix[1] de ces messieurs me condamnera-t-elle
À trouver bons les vers qui font notre querelle ?
Je ne me dédis point de[2] ce que j'en ai dit,
Je les trouve méchants[3].

PHILINTE

　　　　　　　Mais, d'un plus doux esprit…

ALCESTE

Je n'en démordrai point : les vers sont exécrables.   765

PHILINTE

Vous devez faire voir des sentiments traitables[4].
Allons, venez.

ALCESTE

　　　　J'irai ; mais rien n'aura pouvoir
De me faire dédire.

PHILINTE

　　　　　　Allons vous faire voir.

ALCESTE

Hors qu'un[5] commandement exprès[6] du roi me vienne
De trouver bons les vers dont on se met en peine,   770
Je soutiendrai toujours, morbleu ! qu'ils sont mauvais
Et qu'un homme est pendable[7] après les avoir faits.
(À Clitandre et à Acaste qui rient.)

---

1. **La voix :** la décision.
2. **Je ne me dédis point de :** je ne reviens pas sur.
3. **Méchants :** mauvais.
4. **Traitables :** accommodants, conciliants.
5. **Hors qu'un :** à moins qu'un.
6. **Exprès :** formel, explicite.
7. **Pendable :** digne d'être pendu.

Par la sangbleu, messieurs, je ne croyais pas être
Si plaisant[1] que je suis.

CÉLIMÈNE

Allez vite paraître

775 Où vous devez.

ALCESTE

J'y vais, madame, et sur mes pas
Je reviens en ce lieu pour vuider nos débats[2].

---

1. **Plaisant :** drôle.
2. **Vuider nos débats :** terminer notre discussion.

Synthèse Acte II

Le monde de la cour

Personnages

L'apparition de nombreux personnages

Célimène arrive enfin sur la scène : aussi brillante que médisante, elle exerce sur le spectateur, comme sur Alceste, fascination et répulsion.

Alceste se montre égal à lui-même, intransigeant au point de mettre en danger sa relation avec Célimène et ses intérêts au tribunal.

Les petits marquis représentent le microcosme de la cour, avec son hypocrisie et sa médiocrité.

Éliante apparaît comme le double négatif d'Alceste et de Célimène, prônant un amour fait d'indulgence et de dévotion à l'être aimé.

Langage

Le portrait

Très à la mode au XVIIe siècle, le portrait se pratique en particulier dans les salons, mais aussi dans divers genres littéraires. Ici, comme chez La Bruyère (*Les Caractères*), les portraits mettent en évidence un défaut poussé jusqu'à la caricature. Leur comique repose sur cet effet d'exagération tout autant que sur le maniement virtuose du langage par Célimène : comparaisons, antithèses, paradoxes, alliances du concret et de l'abstrait, pointes, etc.

Société

Les salons et la préciosité

Au XVIIe siècle, certains aristocrates ou bourgeois lettrés se réunissent dans des salons, où règne l'art de la conversation et des jeux littéraires (portraits, épigrammes, etc.). C'est dans ce contexte que se développe la préciosité, courant de pensée et d'inspiration essentiellement féminin, mettant l'accent sur le raffinement de la langue et des relations humaines.

ACTE III
Scène 1 CLITANDRE, ACASTE

CLITANDRE

Cher marquis, je te vois l'âme bien satisfaite ;
Toute chose t'égaye, et rien ne t'inquiète.
En bonne foi[1], crois-tu, sans t'éblouir les yeux[2],
780 Avoir de grands sujets[3] de paraître joyeux ?

ACASTE

Parbleu ! je ne vois pas, lorsque je m'examine,
Où prendre aucun sujet d'avoir l'âme chagrine.
J'ai du bien, je suis jeune, et sors d'une maison[4]
Qui se peut dire noble avec quelque raison ;
785 Et je crois, par le rang que me donne ma race,
Qu'il est fort peu d'emplois[5] dont je ne sois en passe[6].
Pour le cœur[7], dont surtout nous devons faire cas,
On sait, sans vanité, que je n'en manque pas,
Et l'on m'a vu pousser dans le monde une affaire[8]
790 D'une assez vigoureuse et gaillarde[9] manière.
Pour de l'esprit, j'en ai sans doute[10], et du bon goût
À juger sans étude et raisonner[11] de tout,
À faire aux nouveautés[12], dont je suis idolâtre,

---

1. **En bonne foi :** sincèrement.
2. **Sans t'éblouir les yeux :** sans te faire d'illusions.
3. **Grands sujets :** bonnes raisons.
4. **Maison :** famille.
5. **Emplois :** fonctions temporaires.
6. **Être en passe de :** être dans la position la plus favorable pour obtenir.
7. **Cœur :** courage.
8. **Pousser une affaire :** avoir un duel.
9. **Gaillarde :** vaillante.
10. **Sans doute :** indiscutablement.
11. **Raisonner :** parler.
12. **Nouveautés :** pièces nouvelles.

Figure de savant sur les bancs du théâtre[1],
Y décider en chef, et faire du fracas   795
À tous les beaux endroits qui méritent des ah !
Je suis assez adroit[2], j'ai bon air, bonne mine,
Les dents belles surtout, et la taille fort fine.
Quant à se mettre bien[3], je crois, sans me flatter,
Qu'on serait mal venu de me le disputer[4].   800
Je me vois dans l'estime autant qu'on y puisse être,
Fort aimé du beau sexe, et bien auprès du maître[5].
Je crois qu'avec cela, mon cher marquis, je croi[6]
Qu'on peut, par tout pays, être content de soi.

CLITANDRE

Oui ; mais, trouvant ailleurs des conquêtes faciles,   805
Pourquoi pousser ici des soupirs inutiles ?

ACASTE

Moi ? Parbleu ! je ne suis de taille ni d'humeur
À pouvoir d'une belle essuyer[7] la froideur.
C'est aux gens mal tournés[8], aux mérites vulgaires[9],
À brûler constamment[10] pour des beautés sévères,   810
À languir à leurs pieds et souffrir leurs rigueurs,
À chercher le secours des soupirs et des pleurs,
Et tâcher, par des soins[11] d'une très longue suite,
D'obtenir ce qu'on nie[12] à leur peu de mérite.
Mais les gens de mon air, marquis, ne sont pas faits   815

---

1. **Bancs du théâtre :** banquettes installées sur la scène même du théâtre, réservées aux gens de qualité.
2. **Adroit :** subtil.
3. **Se mettre bien :** bien s'habiller.
4. **Me le disputer :** rivaliser avec moi sur ce point.
5. **Bien auprès du maître :** bien vu par le roi.
6. **Je croi :** je crois.
7. **Essuyer :** endurer.
8. **Mal tournés :** qui ne pensent pas correctement.
9. **Mérites vulgaires :** personnes dont les mérites n'ont rien d'exceptionnel.
10. **Constamment :** avec constance.
11. **Soins :** marques d'attention.
12. **Nier :** refuser.

Pour aimer à crédit[1] et faire tous les frais[2].
Quelque rare que soit le mérite des belles,
Je pense, Dieu merci, qu'on vaut son prix comme elles,
Que, pour se faire honneur d'un cœur comme le mien,
820 Ce n'est pas la raison[3] qu'il ne leur coûte rien,
Et qu'au moins, à tout mettre en de justes balances,
Il faut qu'à frais communs se fassent les avances.

CLITANDRE
Tu penses donc, marquis, être fort bien ici[4] !

ACASTE
J'ai quelque lieu, marquis, de le penser ainsi.

CLITANDRE
825 Crois-moi, détache-toi de cette erreur extrême :
Tu te flattes, mon cher, et t'aveugles toi-même.

ACASTE
Il est vrai, je me flatte[5] et m'aveugle en effet.

CLITANDRE
Mais qui[6] te fait juger ton bonheur si parfait ?

ACASTE
Je me flatte.

CLITANDRE
Sur quoi fonder tes conjectures ?

ACASTE
830 Je m'aveugle.

CLITANDRE
En as-tu des preuves qui soient sûres ?

ACASTE
Je m'abuse, te dis-je.

---

1. **À crédit :** sans être payé de retour.
2. **Faire tous les frais :** être seul à s'engager.
3. **Ce n'est pas la raison :** il est injuste.
4. **Être fort bien ici :** être fort bien vu en ces lieux.
5. **Se flatter :** se tromper.
6. **Qui :** qu'est-ce qui.

CLITANDRE

Est-ce que de ses vœux[1]
Célimène t'a fait quelques secrets aveux ?

ACASTE

Non, je suis maltraité.

CLITANDRE

Réponds-moi, je te prie.

ACASTE

Je n'ai que des rebuts[2].

CLITANDRE

Laissons la raillerie,
Et me dis[3] quel espoir on peut t'avoir donné.   835

ACASTE

Je suis le misérable, et toi le fortuné[4] ;
On a pour ma personne une aversion grande,
Et quelqu'un de ces jours[5], il faut que je me pende.

CLITANDRE

Oh çà, veux-tu, marquis, pour ajuster nos vœux[6],
Que nous tombions d'accord d'une chose tous deux ?   840
Que qui pourra montrer une marque certaine
D'avoir meilleure part au cœur de Célimène,
L'autre ici fera place au vainqueur prétendu[7],
Et le délivrera d'un rival assidu ?

ACASTE

Ah ! parbleu ! tu me plais avec un tel langage,   845
Et du bon de mon cœur[8] à cela je m'engage,
Mais chut !

---

1. **Ses vœux :** son amour.
2. **Rebuts :** rebuffades, mauvais accueils.
3. **Me dis :** dis-moi.
4. **Fortuné :** chanceux.
5. **Quelqu'un de ces jours :** un de ces jours.
6. **Pour ajuster nos vœux :** pour trouver un terrain d'entente.
7. **Prétendu :** présumé.
8. **Du bon de mon cœur :** volontiers, avec tout mon cœur, d'un cœur sincère.

Scène 2 Célimène, Acaste, Clitandre

CÉLIMÈNE
Encore ici ?

CLITANDRE
L'amour retient nos pas[1].

CÉLIMÈNE
Je viens d'ouïr entrer un carrosse là-bas[2],
Savez-vous qui c'est ?

CLITANDRE
Non.

Scène 3 Basque, Célimène, Acaste, Clitandre

BASQUE
Arsinoé, madame,
850 Monte ici pour vous voir.

CÉLIMÈNE
Que me veut cette femme ?

BASQUE
Éliante, là-bas, est à l'entretenir[3].

CÉLIMÈNE
De quoi s'avise-t-elle, et qui la fait venir ?

ACASTE
Pour prude consommée[4] en tous lieux elle passe,

---

1. **Retient nos pas :** nous empêche de partir.
2. **Là-bas :** en bas dans la cour.
3. **Est à l'entretenir :** est en train de lui parler.
4. **Prude consommée :** dévote accomplie.

Et l'ardeur de son zèle[1]...

CÉLIMÈNE

     Oui, oui, franche grimace[2] ;
Dans l'âme, elle est du monde[3], et ses soins tentent tout   ₈₅₅
Pour accrocher quelqu'un[4] sans en venir à bout[5].
Elle ne saurait voir qu'avec un œil d'envie
Les amants déclarés dont une autre[6] est suivie,
Et son triste mérite, abandonné de tous,
Contre le siècle aveugle est toujours en courroux.   ₈₆₀
Elle tâche à[7] couvrir d'un faux voile de prude
Ce que chez elle on voit d'affreuse solitude,
Et pour sauver l'honneur de ses faibles appas[8],
Elle attache du crime au pouvoir qu'ils n'ont pas[9].
Cependant un amant plairait fort à la dame,   ₈₆₅
Et même pour Alceste elle a tendresse d'âme :
Ce qu'il me rend de soins[10] outrage ses attraits.
Elle veut que ce soit un vol que je lui fais,
Et son jaloux dépit, qu'avec peine elle cache,
En tous endroits sous main[11] contre moi se détache[12].   ₈₇₀
Enfin, je n'ai rien vu de si sot à mon gré ;
Elle est impertinente au suprême degré,
Et...

---

1. **Zèle :** ici, dévotion.
2. **Grimace :** hypocrisie.
3. **Elle est du monde :** au même titre que le *siècle* (v. 860), le *monde* désigne la sphère de la vie profane, en tant qu'elle s'oppose à celle de la vie religieuse.
4. **Accrocher quelqu'un :** attraper un mari.
5. **Sans en venir à bout :** sans y parvenir.
6. **Une autre :** une autre femme qu'elle.
7. **Tâcher à :** s'efforcer de.
8. **Appas :** attraits.
9. **Elle attache [...] n'ont pas :** elle donne pour criminelle cette séduction que ses « faibles appas » l'empêchent d'exercer.
10. **Ce qu'il me rend de soins :** la cour qu'il me fait.
11. **Sous main :** à l'insu de tous.
12. **Se détache :** se déchaîne.

Scène 4 ARSINOÉ, CÉLIMÈNE

CÉLIMÈNE

Ah ! quel heureux sort[1] en ce lieu vous amène ?
Madame, sans mentir, j'étais de vous en peine.

ARSINOÉ

875 Je viens pour quelque avis que j'ai cru vous devoir.

CÉLIMÈNE

Ah ! mon Dieu, que je suis contente de vous voir !
(Clitandre et Acaste sortent en riant.)

ARSINOÉ

Leur départ ne pouvait plus à propos se faire.

CÉLIMÈNE

Voulons-nous nous asseoir ?

ARSINOÉ

Il n'est pas nécessaire,
Madame. L'amitié doit surtout éclater[2]
880 Aux choses[3] qui le plus nous peuvent importer ;
Et comme il n'en est point de plus grande importance
Que celles de l'honneur et de la bienséance[4],
Je viens, par un avis qui touche votre honneur,
Témoigner l'amitié que pour vous a mon cœur.
885 Hier, j'étais chez des gens de vertu singulière[5],
Où sur vous du discours[6] on tourna la matière ;
Et là, votre conduite avec ses grands éclats[7],
Madame, eut le malheur qu'on ne la loua pas.

---

1. **Sort :** hasard.
2. **Éclater :** se manifester avec éclat.
3. **Aux choses :** lorsqu'il s'agit des choses.
4. **Bienséance :** convenance.
5. **Singulière :** hors du commun.
6. **Discours :** conversation.
7. **Éclats :** scandales.

Cette foule de gens dont vous souffrez visite,
Votre galanterie[1] et les bruits qu'elle excite,   890
Trouvèrent des censeurs plus qu'il n'aurait fallu,
Et bien plus rigoureux que je n'eusse voulu.
Vous pouvez bien penser quel parti je sus prendre ;
Je fis ce que je pus pour vous pouvoir défendre,
Je vous excusai fort sur votre intention   895
Et voulus de votre âme être la caution[2].
Mais vous savez qu'il est des choses dans la vie
Qu'on ne peut excuser, quoiqu'on en ait envie,
Et je me vis contrainte à demeurer d'accord
Que l'air[3] dont vous vivez vous faisait un peu tort ;   900
Qu'il prenait, dans le monde, une méchante face[4] ;
Qu'il n'est conte fâcheux que partout on n'en fasse,
Et que, si vous vouliez, tous vos déportements[5]
Pourraient moins donner prise aux mauvais jugements.
Non, que j'y croie, au fond, l'honnêteté blessée,   905
Me préserve le ciel d'en avoir la pensée !
Mais aux ombres du crime[6] on prête aisément foi[7],
Et ce n'est pas assez de bien vivre pour soi.
Madame, je vous crois l'âme trop raisonnable
Pour ne pas prendre bien cet avis profitable,   910
Et pour l'attribuer qu'aux[8] mouvements[9] secrets
D'un zèle qui m'attache à tous vos intérêts.

CÉLIMÈNE

Madame, j'ai beaucoup de grâces à vous rendre.

---

1. **Galanterie :** goût pour les intrigues amoureuses.
2. **Être la caution :** se porter garant.
3. **L'air :** la façon.
4. **Une méchante face :** une apparence fâcheuse.
5. **Déportement :** d'après Furetière, « conduite et manière de vivre »,
   bonne ou mauvaise.
6. **Aux ombres du crime :** aux apparences du péché.
7. **Prêter foi à :** se fier à.
8. **Qu'aux... :** à autre chose qu'aux...
9. **Mouvements :** élans.

Un tel avis m'oblige[1] et, loin de le mal prendre,
915 J'en prétends reconnaître, à l'instant, la faveur,
Par un avis aussi qui touche votre honneur ;
Et, comme je vous vois vous montrer mon amie
En m'apprenant les bruits que de moi[2] l'on publie,
Je veux suivre, à mon tour, un exemple si doux
920 En vous avertissant de ce qu'on dit de vous.
En un lieu, l'autre jour, où je faisais visite,
Je trouvai quelques gens d'un très rare mérite,
Qui, parlant des vrais soins d'une âme qui vit bien[3],
Firent tomber sur vous, madame, l'entretien.
925 Là, votre pruderie et vos éclats de zèle[4]
Ne furent pas cités comme un fort bon modèle :
Cette affectation d'un grave extérieur[5],
Vos discours éternels de sagesse et d'honneur[6],
Vos mines et vos cris aux ombres d'indécence
930 Que d'un mot ambigu peut avoir l'innocence ;
Cette hauteur d'estime où vous êtes de vous[7],
Et ces yeux de pitié que vous jetez sur tous,
Vos fréquentes leçons et vos aigres censures[8]
Sur des choses qui sont innocentes et pures,
935 Tout cela, si je puis vous parler franchement,
Madame, fut blâmé d'un commun sentiment[9].
« À quoi bon, disaient-ils, cette mine modeste[10]
Et ce sage dehors que dément tout le reste ?

---

1. **Un tel avis m'oblige :** je vous suis redevable de cet avis.
2. **De moi :** à mon sujet.
3. **Qui vit bien :** qui vit vertueusement.
4. **Vos éclats de zèle :** le spectacle tapageur de votre dévotion.
5. **Cette affectation d'un grave extérieur :** l'insistance avec laquelle vous renvoyez les apparences de l'austérité.
6. **De sagesse et d'honneur :** sur la sagesse et l'honneur.
7. **Cette hauteur d'estime où vous êtes de vous :** cette grande opinion que vous avez de vous-même.
8. **Censures :** critiques, condamnations.
9. **D'un commun sentiment :** d'un commun accord.
10. **Cette mine modeste :** ces airs d'humilité.

Elle est à bien prier exacte au dernier point ;
Mais elle bat ses gens[1], et ne les paye point ;   940
Dans tous les lieux dévots elle étale un grand zèle,
Mais elle met du blanc[2] et veut paraître belle ;
Elle fait des tableaux couvrir les nudités,
Mais elle a de l'amour pour les réalités. »
Pour moi, contre chacun je pris votre défense,   945
Et leur assurai fort que c'était médisance ;
Mais tous les sentiments combattirent le mien,
Et leur conclusion fut que vous feriez bien
De prendre moins de soins des actions des autres
Et de vous mettre un peu plus en peine des vôtres ;   950
Qu'on doit se regarder soi-même un fort long temps
Avant que de songer à condamner les gens ;
Qu'il faut mettre le poids d'une vie exemplaire
Dans les corrections qu'aux autres on veut faire,
Et qu'encor vaut-il mieux s'en remettre, au besoin,   955
À ceux à qui le ciel en a commis le soin[3].
Madame, je vous crois aussi trop raisonnable
Pour ne pas prendre bien cet avis profitable,
Et pour l'attribuer qu'aux mouvements secrets
D'un zèle qui m'attache à tous vos intérêts.   960

ARSINOÉ
À quoi qu'en reprenant on soit assujettie[4],
Je ne m'attendais pas à cette repartie,
Madame, et je vois bien, par ce qu'elle a d'aigreur,
Que mon sincère avis vous a blessée au cœur.

CÉLIMÈNE
Au contraire, madame, et si l'on était sage,   965
Ces avis mutuels seraient mis en usage :
On détruirait par là, traitant de bonne foi[5],

---

1. **Ses gens :** son personnel de maison.
2. **Elle met du blanc :** elle se maquille.
3. **À ceux [...] le soin :** aux gens d'Église.
4. **À quoi [...] assujettie :** quels que soient les périls auxquels on
   s'expose quand on reprend les gens sur leur conduite.
5. **Traitant de bonne foi :** en agissant sincèrement.

Ce grand aveuglement où chacun est pour soi.
Il ne tiendra qu'à vous qu'avec le même zèle
970 Nous ne continuions cet office fidèle,
Et ne prenions grand soin de nous dire entre nous
Ce que nous entendrons, vous de moi, moi de vous.

ARSINOÉ

Ah ! madame, de vous je ne puis rien entendre ;
C'est en moi que l'on peut trouver fort à reprendre.

CÉLIMÈNE

975 Madame, on peut, je crois, louer et blâmer tout,
Et chacun a raison suivant l'âge ou le goût.
Il est une saison pour la galanterie,
Il en est une aussi propre à la pruderie ;
On peut, par politique[1], en prendre le parti,
980 Quand de nos jeunes ans l'éclat est amorti[2] :
Cela sert à couvrir de fâcheuses disgrâces.
Je ne dis pas qu'un jour je ne suive vos traces,
L'âge amènera tout, et ce n'est pas le temps,
Madame, comme on sait, d'être prude à vingt ans[3].

ARSINOÉ

985 Certes, vous vous targuez d'un[4] bien faible avantage,
Et vous faites sonner[5] terriblement votre âge ;
Ce que de plus que vous on en pourrait avoir
N'est pas un si grand cas pour s'en tant prévaloir[6] :
Et je ne sais pourquoi votre âme ainsi s'emporte,
990 Madame, à me pousser[7] de cette étrange sorte.

CÉLIMÈNE

Et moi, je ne sais pas, madame, aussi pourquoi

---

1. **Par politique :** par calcul.
2. **Amorti :** terni.
3. **Ce n'est pas le temps [...] d'être prude à vingt ans :** vingt ans n'est pas l'âge où il convient d'être prude.
4. **Se targuer de :** se prévaloir de.
5. **Sonner :** résonner.
6. **Ce que de plus que vous [...] tant prévaloir :** votre jeunesse est un trop faible avantage pour que vous la fassiez tant valoir.
7. **Me pousser :** m'attaquer.

On vous voit en tous lieux vous déchaîner sur moi.
Faut-il de vos chagrins sans cesse à moi vous prendre ?
Et puis-je mais des soins qu'on ne va pas vous rendre [1] ?
Si ma personne aux gens inspire de l'amour,   995
Et si l'on continue à m'offrir chaque jour
Des vœux que votre cœur peut souhaiter qu'on m'ôte,
Je n'y saurais que faire, et ce n'est pas ma faute :
Vous avez le champ libre, et je n'empêche pas
Que, pour les attirer, vous n'ayez des appas.   1000

ARSINOÉ

Hélas ! et croyez-vous que l'on se mette en peine
De ce nombre d'amants dont vous faites la vaine [2] ?
Et qu'il ne nous soit pas fort aisé de juger
À quel prix aujourd'hui l'on peut les engager [3] ?
Pensez-vous faire croire, à voir comme tout roule,   1005
Que votre seul mérite attire cette foule ?
Qu'ils ne brûlent pour vous que d'un honnête amour,
Et que pour vos vertus ils vous font tous la cour ?
On ne s'aveugle point par de vaines défaites [4],
Le monde n'est point dupe, et j'en vois qui sont faites   1010
À [5] pouvoir inspirer de tendres sentiments,
Qui chez elles pourtant ne fixent point d'amants ;
Et de là nous pouvons tirer des conséquences,
Qu'on n'acquiert point leurs cœurs sans de grandes avances,
Qu'aucun pour nos beaux yeux n'est notre soupirant,   1015
Et qu'il faut acheter tous les soins qu'on nous rend.
Ne vous enflez donc point d'une si grande gloire
Pour les petits brillants d'une faible victoire,
Et corrigez un peu l'orgueil de vos appas

---

1. **Puis-je mais [...] vous rendre ? :** suis-je responsable de ce que personne ne vous courtise ?
2. **Faire la vaine :** se vanter.
3. **Les engager :** les attacher à soi.
4. **De vaines défaites :** de mauvaises excuses qui ne trompent personne.
5. **Faites à :** faites de manière à.

1020 De traiter pour cela les gens de haut en bas[1].
Si nos yeux enviaient les conquêtes des vôtres,
Je pense qu'on pourrait faire comme les autres,
Ne se point ménager[2], et vous faire bien voir
Que l'on a des amants quand on en veut avoir.

CÉLIMÈNE

1025 Ayez-en donc, madame, et voyons cette affaire ;
Par ce rare secret efforcez-vous de plaire,
Et sans...

ARSINOÉ

Brisons, madame, un pareil entretien,
Il pousserait trop loin votre esprit et le mien ;
Et j'aurais pris déjà le congé qu'il faut prendre,
1030 Si mon carrosse encor ne m'obligeait d'attendre.

CÉLIMÈNE

Autant qu'il vous plaira vous pouvez arrêter[3],
Madame, et là-dessus rien ne doit vous hâter ;
Mais, sans vous fatiguer de ma cérémonie[4],
Je m'en vais vous donner meilleure compagnie ;
1035 Et monsieur, qu'à propos le hasard fait venir,
Remplira mieux ma place à vous entretenir[5].
Alceste, il faut que j'aille écrire un mot de lettre[6]
Que, sans me faire tort, je ne saurais remettre ;
Soyez[7] avec madame, elle aura la bonté
1040 D'excuser aisément mon incivilité.

---

1. **Corrigez [...] en bas :** veillez à ce que l'orgueil que vous inspirent vos charmes ne vous conduise plus à mépriser les gens.
2. **Ne se point ménager :** abandonner toute retenue.
3. **Arrêter :** rester ici.
4. **Cérémonie :** marques de politesse et de civilité.
5. **Vous entretenir :** parler avec vous.
6. **Un mot de lettre :** une courte lettre.
7. **Soyez :** restez.

Clefs d'analyse

Acte III, scène 4.

Compréhension

▌ Le duel verbal
- Observer selon quels mouvements s'organise cette scène.
- Analyser la manière dont Célimène reprend les termes employés par son adversaire.

▌ Les marques de civilité
- Relever les marques de politesse qui caractérisent le discours des deux femmes.
- Remarquer dans le discours d'Arsinoé les formules marquant l'atténuation.

▌ Deux systèmes de valeurs
- Relever les termes renvoyant aux valeurs dévotes dans le discours d'Arsinoé.
- Observer quels arguments Célimène oppose à ces valeurs.

Réflexion

▌ L'ironie
- Montrer les emplois de l'antiphrase dans la tirade d'Arsinoé (v. 878-912).
- Expliquer les emplois ironiques des termes *ami*, *amitié*.

▌ Des attaques indirectes
- Analyser la structure de la tirade d'Arsinoé (v. 878-912).

À retenir :

Au théâtre, le langage est action, ce que montre cette scène d'affrontement larvé. Les mots sont ici utilisés comme des armes : en reprenant ironiquement les termes employés par Arsinoé, Célimène lui montre qu'elle n'est pas dupe de sa stratégie, tout en la retournant contre elle. Elle s'assure ainsi une victoire éclatante, mais ce triomphe n'est pas sans danger : Arsinoé, ulcérée, choisira d'agir, non plus par les mots mais par les actes.

Scène 5   ALCESTE, ARSINOÉ

ARSINOÉ

Vous voyez, elle veut que je vous entretienne,
Attendant[1] un moment que mon carrosse vienne ;
Et jamais tous ses soins ne pouvaient m'offrir rien
Qui me fût plus charmant qu'un pareil entretien.
1045   En vérité, les gens d'un mérite sublime
Entraînent de chacun et l'amour et l'estime,
Et le vôtre[2] sans doute a des charmes secrets
Qui font entrer mon cœur dans tous vos intérêts.
Je voudrais que la cour, par un regard propice[3],
1050   À ce que vous valez rendît plus de justice :
Vous avez à vous plaindre, et je suis en courroux,
Quand je vois chaque jour qu'on ne fait rien pour vous.

ALCESTE

Moi, madame ? et sur quoi pourrais-je en rien prétendre ?
Quel service à l'État est-ce qu'on m'a vu rendre ?
1055   Qu'ai-je fait, s'il vous plaît, de si brillant de soi[4]
Pour me plaindre à la cour qu'on ne fait rien pour moi ?

ARSINOÉ

Tous ceux sur qui la cour jette des yeux propices
N'ont pas toujours rendu de ces fameux services ;
Il faut l'occasion, ainsi que le pouvoir[5],
1060   Et le mérite enfin que vous nous faites voir
Devrait…

ALCESTE

Mon Dieu ! laissons mon mérite, de grâce
De quoi voulez-vous là que la cour s'embarrasse ?
Elle aurait fort à faire, et ses soins seraient grands
D'avoir à déterrer le mérite des gens.

---

1. **Attendant :** en attendant.
2. **Le vôtre :** votre mérite.
3. **Propice :** favorable.
4. **De soi :** en soi.
5. **Le pouvoir :** les moyens requis.

ARSINOÉ

Un mérite éclatant se déterre lui-même ;   1065
Du vôtre, en bien des lieux, on fait un cas extrême,
Et vous saurez de moi qu'en deux fort bons endroits
Vous fûtes hier loué par des gens d'un grand poids[1].

ALCESTE

Eh ! madame, l'on loue aujourd'hui tout le monde,
Et le siècle par là n'a rien qu'on ne confonde[2] ;   1070
Tout[3] est d'un grand mérite également doué,
Ce n'est plus un honneur que de se voir loué ;
D'éloges on regorge, à la tête on les jette,
Et mon valet de chambre est mis dans la gazette[4].

ARSINOÉ

Pour moi, je voudrais bien que, pour vous montrer mieux,   1075
Une charge[5] à la cour vous pût frapper les yeux[6] :
Pour peu que d'y songer vous nous fassiez les mines[7],
On peut, pour vous servir, remuer des machines[8],
Et j'ai des gens en main, que j'emploierai pour vous,
Qui vous feront à tout un chemin assez doux.   1080

ALCESTE

Et que voudriez-vous, madame, que j'y fisse ?
L'humeur dont je me sens veut que je m'en bannisse.
Le ciel ne m'a point fait, en me donnant le jour,
Une âme compatible avec l'air de la cour ;
Je ne me trouve point les vertus nécessaires   1085

---

1. **D'un grand poids :** très importants, très influents.
2. **Et le siècle [...] confonde :** en louant indifféremment ceux qui méritent de l'être et ceux qui ne le mériteraient pas, le siècle met sur un même plan les vraies valeurs et les fausses.
3. **Tout :** tout le monde.
4. **La Gazette :** hebdomadaire fondé en 1631 par Théophraste Renaudot, et dans lequel se trouvaient célébrées les personnalités du moment.
5. **Charge :** fonction permanente.
6. **Frapper les yeux :** retenir l'attention.
7. **Pour peu que [...] les mines :** pour peu que vous fassiez mine d'y songer.
8. **Remuer les machines :** intriguer.

Pour y bien réussir et faire mes affaires,
Être franc et sincère est mon plus grand talent,
Je ne sais point jouer[1] les hommes en parlant ;
Et qui n'a pas le don de cacher ce qu'il pense

1090 Doit faire en ce pays fort peu de résidence[2].
Hors de la cour, sans doute, on n'a pas cet appui
Et ces titres d'honneur qu'elle donne aujourd'hui ;
Mais on n'a pas aussi[3], perdant ces avantages,
Le chagrin de jouer[4] de fort sots personnages.

1095 On n'a point à souffrir[5] mille rebuts[6] cruels,
On n'a point à louer les vers de messieurs tels,
À donner de l'encens[7] à madame une telle,
Et de nos francs marquis[8], essuyer la cervelle[9].

ARSINOÉ

Laissons, puisqu'il vous plaît[10], ce chapitre de cour ;
1100 Mais il faut que mon cœur vous plaigne en votre amour.
Et, pour vous découvrir là-dessus mes pensées,
Je souhaiterais fort vos ardeurs mieux placées :
Vous méritez sans doute un sort beaucoup plus doux,
Et celle qui vous charme est indigne de vous.

ALCESTE

1105 Mais, en disant cela, songez-vous, je vous prie,
Que cette personne est, madame, votre amie ?

ARSINOÉ

Oui ; mais ma conscience est blessée en effet[11]
De souffrir plus longtemps le tort que l'on vous fait :

---

1. **Jouer :** tromper.
2. **Doit faire [...] résidence :** ne doit pas s'attarder dans ce pays.
3. **Aussi :** non plus.
4. **Jouer :** tenir le rôle.
5. **Souffrir :** endurer.
6. **Rebuts :** refus, rebuffades.
7. **Donner de l'encens :** encenser, flatter.
8. **Francs marquis :** marquis véritables.
9. **Essuyer la cervelle :** endurer la sottise.
10. **Puisqu'il vous plaît :** puisque vous le souhaitez.
11. **En effet :** en réalité.

L'état où je vous vois afflige trop mon âme,
Et je vous donne avis qu'on trahit votre flamme.   1110

ALCESTE

C'est me montrer, madame, un tendre mouvement,
Et de pareils avis obligent[1] un amant.

ARSINOÉ

Oui, toute mon amie[2], elle est et je la nomme
Indigne d'asservir le cœur d'un galant homme,
Et le sien n'a pour vous que de feintes douceurs.   1115

ALCESTE

Cela se peut, madame : on ne voit pas les cœurs ;
Mais votre charité se serait bien passée[3]
De jeter dans le mien une telle pensée.

ARSINOÉ

Si vous ne voulez pas être désabusé[4],
Il faut ne vous rien dire ; il est assez aisé.   1120

ALCESTE

Non ; mais sur ce sujet, quoi que l'on nous expose,
Les doutes sont fâcheux plus que toute autre chose ;
Et je voudrais, pour moi, qu'on ne me fît savoir
Que ce qu'avec clarté l'on peut me faire voir.

ARSINOÉ

Hé bien ! c'est assez dit, et sur cette matière   1125
Vous allez recevoir une pleine lumière.
Oui, je veux que de tout vos yeux vous fassent foi[5].
Donnez-moi seulement la main jusque chez moi ;
Là je vous ferai voir une preuve fidèle
De l'infidélité du cœur de votre belle ;   1130
Et si, pour d'autres yeux, le vôtre peut brûler,
On pourra vous offrir de quoi vous consoler.

---

1. **Obliger :** rendre service à.
2. **Toute mon amie :** quoiqu'elle soit mon amie.
3. **Se serait bien passé :** aurait pu éviter.
4. **Désabusé :** détrompé.
5. **Je veux [...] foi :** [...] que vous en jugiez par ce que vous verrez.

Synthèse Acte III

Une tension croissante

Personnages

Des tensions de plus en plus vives

Arsinoé, type de la fausse dévote associant la médisance à l'hypocrisie, fait sa première apparition. Son amour non payé de retour pour Alceste et sa jalousie envers Célimène font d'elle une menace, redoublée par la présence des petits marquis, bien décidés à découvrir les véritables sentiments de Célimène. Peu présent dans cet acte, Alceste est le véritable enjeu du duel verbal opposant Célimène à Arsinoé.

On note enfin dans cet acte l'absence des deux personnages positifs et modérateurs que sont Éliante et Philinte.

Langage

Le dialogue de théâtre : une parole-action

Au théâtre, l'action passe presque exclusivement par la parole : parler, c'est agir. C'est ce qu'illustre avec une force peu commune la joute verbale que se livrent Arsinoé et Célimène (III, 4). Chaque réplique joue le rôle de pivot, sur lequel s'appuie la suivante : l'enchaînement se fait ici par la reprise littérale (et ironique) des paroles de l'interlocutrice.

Société

La cour, monde des apparences

La critique de la cour que Molière développe ici est en partie un lieu commun du XVIIe siècle : la cour est volontiers présentée comme un microcosme d'oisifs, dans lequel l'être s'efface derrière le paraître, et la culture véritable derrière les mondanités superficielles. Privés des pouvoirs qui étaient les leurs par l'avènement de la monarchie absolue, les aristocrates ne se préoccupent plus que de leur apparence et de celle des autres : l'amour-propre règne en maître.

ACTE IV

Scène 1 ÉLIANTE, PHILINTE

PHILINTE

Non, l'on n'a point vu d'âme à manier[1] si dure,
Ni d'accommodement[2] plus pénible à conclure.
En vain de tous côtés on l'a voulu tourner,   1135
Hors de son sentiment[3] on n'a pu l'entraîner ;
Et jamais différend[4] si bizarre, je pense,
N'avait de ces messieurs[5] occupé la prudence[6].
« Non, messieurs, disait-il, je ne me dédis point[7],
Et tomberai d'accord de tout, hors de[8] ce point.   1140
De quoi s'offense-t-il et que veut-il me dire ?
Y va-t-il de sa gloire à ne pas bien écrire ?
Que lui fait mon avis, qu'il a pris de travers ?
On peut être honnête homme et faire mal des vers ;
Ce n'est point à l'honneur que touchent ces matières.   1145
Je le tiens[9] galant homme en toutes les manières,
Homme de qualité, de mérite et de cœur,
Tout ce qu'il vous plaira, mais fort méchant[10] auteur.
Je louerai, si l'on veut, son train[11] et sa dépense,
Son adresse à cheval, aux armes, à la danse ;   1150

---

1. **Manier :** manœuvrer.
2. **Accommodement :** arrangement, compromis.
3. **Hors de son sentiment [...] entraîner :** on n'a pu le faire changer d'avis.
4. **Différend :** querelle.
5. **Ces Messieurs :** les maréchaux.
6. **La prudence :** la sagesse.
7. **Je ne me dédis point :** je ne reviens pas sur ce que j'ai dit.
8. **Hors :** sauf.
9. **Je le tiens :** je le considère comme.
10. **Méchant :** mauvais.
11. **Train :** train de vie.

Mais, pour louer ses vers, je suis son serviteur[1],
Et lorsque d'en mieux faire on n'a pas le bonheur,
On ne doit de rimer avoir aucune envie
Qu'on n'y soit condamné sur peine de la vie[2]. »
1155 Enfin toute la grâce et l'accommodement
Où s'est avec effort plié son sentiment,
C'est de dire, croyant adoucir bien son style :
« Monsieur, je suis fâché d'être si difficile ;
Et, pour l'amour de vous, je voudrais de bon cœur
1160 Avoir trouvé tantôt[3] votre sonnet meilleur. »
Et dans une embrassade[4], on leur a, pour conclure,
Fait vite envelopper toute la procédure[5].

ÉLIANTE

Dans ses façons d'agir il est fort singulier,
Mais j'en fais, je l'avoue, un cas particulier,
1165 Et la sincérité dont son âme se pique
A quelque chose en soi de noble et d'héroïque.
C'est une vertu rare au siècle d'aujourd'hui,
Et je la voudrais voir partout comme chez lui.

PHILINTE

Pour moi, plus je le vois, plus surtout je m'étonne
1170 De cette passion où son cœur s'abandonne ;
De l'humeur dont le Ciel a voulu le former,
Je ne sais pas comment il s'avise d'aimer,
Et je sais moins encor comment votre cousine
Peut être la personne où son penchant l'incline.

ÉLIANTE

1175 Cela fait assez voir que l'amour dans les cœurs
N'est pas toujours produit par un rapport d'humeurs[6] ;

---

1. **Je suis son serviteur :** formule de politesse employée ici ironiquement. Autrement dit : qu'il ne compte pas sur moi.
2. **Sur peine de la vie :** sous peine de mort.
3. **Tantôt :** tout à l'heure.
4. **Embrassade :** accolade.
5. **Envelopper toute la procédure :** mettre un terme à l'affaire.
6. **Un rapport d'humeurs :** une conformité de tempéraments.

Et toutes ces raisons de douces sympathies[1]
Dans cet exemple-ci se trouvent démenties.

PHILINTE

Mais croyez-vous qu'on[2] l'aime, aux choses qu'on peut voir[3] ?

ÉLIANTE

C'est un point qu'il n'est pas fort aisé de savoir.   1180
Comment pouvoir juger s'il est vrai qu'elle l'aime ?
Son cœur de ce qu'il sent n'est pas bien sûr lui-même ;
Il aime quelquefois sans qu'il le sache bien,
Et croit aimer aussi parfois qu'il n'en est rien[4].

PHILINTE

Je crois que notre ami près de cette cousine[5]   1185
Trouvera des chagrins plus qu'il ne s'imagine ;
Et, s'il avait mon cœur, à dire vérité,
Il tournerait ses vœux tout d'un autre côté[6],
Et, par un choix plus juste, on le verrait, madame,
Profiter des bontés que lui montre votre âme.   1190

ÉLIANTE

Pour moi[7], je n'en fais point de façons, et je croi[8]
Qu'on doit sur de tels points être de bonne foi,
Je ne m'oppose point à toute sa tendresse[9] ;
Au contraire, mon cœur pour elle s'intéresse[10],

---

1. **Sympathies :** affinités, « convenance ou conformité de qualités naturelles » (Furetière).
2. **On :** Célimène.
3. **Aux choses qu'on peut voir :** au vu de ce que Célimène laisse paraître de ses sentiments.
4. **Parfois qu'il n'en est rien :** en des circonstances où il n'en est pourtant rien.
5. **Cette cousine :** Célimène, qui est la cousine d'Éliante.
6. **Tout d'un autre côté :** d'un tout autre côté, c'est-à-dire, ici, de celui d'Éliante.
7. **Pour moi :** en ce qui me concerne.
8. **Je croi :** je crois.
9. **Toute sa tendresse :** tout l'amour qu'Alceste voue à Célimène.
10. **S'intéresser pour :** prendre de l'intérêt pour.

1195   Et, si c'était qu'à moi la chose pût tenir[1],
Moi-même à ce qu'il aime[2] on me verrait l'unir.
Mais, si dans un tel choix, comme tout se peut faire,
Son amour éprouvait quelque destin contraire,
S'il fallait que d'un autre on couronnât les feux[3],
1200   Je pourrais me résoudre à recevoir ses vœux[4],
Et le refus souffert[5] en pareille occurrence
Ne m'y ferait trouver aucune répugnance.

PHILINTE

Et moi, de mon côté, je ne m'oppose pas,
Madame, à ces bontés qu'ont pour lui vos appas ;
1205   Et lui-même, s'il veut, il peut bien vous instruire
De ce que là-dessus, j'ai pris soin de lui dire.
Mais, si par un hymen[6], qui les joindrait eux deux[7],
Vous étiez hors d'état de recevoir ses vœux,
Tous les miens tenteraient la faveur éclatante
1210   Qu'avec tant de bonté votre âme lui présente[8] :
Heureux si, quand son cœur s'y pourra dérober,
Elle pouvait sur moi, madame, retomber[9].

ÉLIANTE

Vous vous divertissez, Philinte.

PHILINTE

              Non, madame,

---

1. **Si c'était qu'à moi la chose pût tenir :** si la chose ne tenait qu'à moi.
2. **Ce qu'il aime :** la personne qu'aime Alceste, c'est-à-dire Célimène.
3. **S'il fallait [...] les feux :** si Célimène devait épouser un autre homme qu'Alceste.
4. **Ses vœux :** les vœux d'Alceste.
5. **Souffert :** souffert par Alceste.
6. **Hymen :** mariage.
7. **Eux deux :** Alceste et Célimène.
8. **Si par un hymen [...] présente :** si Alceste en venait à épouser Célimène, je vous demanderais en mariage.
9. **Heureux [...] retomber :** dans l'hypothèse où vos faveurs n'emporteraient pas le cœur d'Alceste, je serais très heureux que vous les reportiez sur moi.

Et je vous parle ici du meilleur de mon âme ;
J'attends l'occasion de m'offrir hautement[1], 1215
Et de tous mes souhaits j'en presse le moment.

Scène 2 ALCESTE, ÉLIANTE, PHILINTE

ALCESTE

Ah ! faites-moi raison[2], madame, d'une offense
Qui vient de triompher de toute ma constance.

ÉLIANTE

Qu'est-ce donc ? qu'avez-vous qui vous puisse émouvoir[3] ?

ALCESTE

J'ai ce que sans mourir je ne puis concevoir ; 1220
Et le déchaînement de toute la nature
Ne m'accablerait pas comme[4] cette aventure.
C'en est fait... Mon amour... Je ne saurais parler.

ÉLIANTE

Que votre esprit un peu tâche à se rappeler[5].

ALCESTE

Ô juste ciel ! faut-il qu'on joigne à tant de grâces 1225
Les vices odieux des âmes les plus basses !

ÉLIANTE

Mais encor, qui vous peut...

ALCESTE

                    Ah ! tout est ruiné,
Je suis, je suis trahi, je suis assassiné !
Célimène... Eût-on pu croire cette nouvelle ?
Célimène me trompe, et n'est qu'une infidèle. 1230

---

1. **Hautement :** ouvertement.
2. **Faire raison :** venger.
3. **Émouvoir :** troubler, bouleverser.
4. **Comme :** autant que.
5. **Tâche à se rappeler :** essaie de se ressaisir.

ÉLIANTE

Avez-vous pour le croire un juste fondement[1] ?

PHILINTE

Peut-être est-ce un soupçon conçu légèrement,
Et votre esprit jaloux prend parfois des chimères[2]...

ALCESTE

Ah ! morbleu ! mêlez-vous, monsieur, de vos affaires.

1235   C'est de sa trahison n'être que trop certain,
Que l'avoir, dans ma poche, écrite de sa main.
Oui, madame, une lettre écrite pour Oronte
A produit[3] à mes yeux ma disgrâce et sa honte[4] ;
Oronte, dont j'ai cru qu'elle fuyait les soins,

1240   Et que de mes rivaux je redoutais le moins.

PHILINTE

Une lettre peut bien tromper par l'apparence,
Et n'est pas quelquefois si coupable qu'on pense.

ALCESTE

Monsieur, encor un coup[5], laissez-moi, s'il vous plaît,
Et ne prenez souci que de votre intérêt[6].

ÉLIANTE

1245   Vous devez modérer vos transports[7], et l'outrage...

ALCESTE

Madame, c'est à vous qu'appartient cet ouvrage[8] ;
C'est à vous que mon cœur a recours aujourd'hui
Pour pouvoir s'affranchir de son cuisant ennui[9].
Vengez-moi d'une ingrate et perfide parente[10]

---

1. **Un juste fondement :** de bonnes raisons, des preuves solides.
2. **Chimères :** illusions, fruits de l'imagination.
3. **Produire :** révéler.
4. **Sa honte :** celle de Célimène.
5. **Encore un coup :** une nouvelle fois.
6. **Ne prenez [...] intérêt :** mêlez-vous de ce qui vous regarde.
7. **Transports :** emportements, émotions violentes.
8. **C'est à vous [...] ouvrage :** c'est à vous qu'il revient de me venger.
9. **Ennui :** tourment insupportable.
10. **Parente :** Célimène est la cousine d'Éliante.

Qui trahit lâchement une ardeur[1] si constante ;   1250
Vengez-moi de ce trait qui doit vous faire horreur.

ÉLIANTE

Moi, vous venger ! comment ?

ALCESTE

            En recevant mon cœur.
Acceptez-le, madame, au lieu de l'infidèle ;
C'est par là que je puis prendre vengeance d'elle,
Et je la veux punir par les sincères vœux,   1255
Par le profond amour, les soins respectueux,
Les devoirs empressés et l'assidu service
Dont ce cœur va vous faire un ardent sacrifice.

ÉLIANTE

Je compatis sans doute à ce que vous souffrez
Et ne méprise point le cœur que vous m'offrez ;   1260
Mais peut-être le mal n'est pas si grand qu'on pense,
Et vous pourrez quitter ce désir de vengeance.
Lorsque l'injure part d'un objet plein d'appas,
On fait force desseins qu'on n'exécute pas :   1265
On a beau voir pour rompre une raison puissante,
Une coupable aimée est bientôt innocente ;
Tout le mal qu'on lui veut se dissipe aisément,
Et l'on sait ce que c'est qu'un courroux d'un amant.

ALCESTE

Non, non, madame, non, l'offense est trop mortelle,
Il n'est point de retour[2], et je romps avec elle ;   1270
Rien ne saurait changer le dessein que j'en fais,
Et je me punirais de l'estimer jamais[3].
La voici. Mon courroux redouble à cette approche ;
Je vais de sa noirceur lui faire un vif reproche,
Pleinement la confondre[4], et vous porter après   1275
Un cœur tout dégagé de ses trompeurs attraits.

---

1. **Une ardeur :** un amour.
2. **Il n'est point de retour :** je ne changerai pas d'avis.
3. **De l'estimer jamais :** si j'en venais à l'estimer un jour.
4. **Confondre :** démasquer.

Scène 3 CÉLIMÈNE, ALCESTE

ALCESTE

Ô ciel ! de mes transports puis-je être ici le maître ?

CÉLIMÈNE

Ouais[1] ! Quel est donc le trouble où je vous vois paraître,
Et que me veulent dire et ces soupirs poussés,
1280 Et ces sombres regards que sur moi vous lancez ?

ALCESTE

Que toutes les horreurs dont une âme est capable
À vos déloyautés n'ont rien de comparable ;
Que le sort, les démons et le ciel en courroux
N'ont jamais rien produit de si méchant que vous[2].

CÉLIMÈNE

1285 Voilà certainement des douceurs que j'admire.

ALCESTE

Ah ! ne plaisantez point, il n'est pas temps de rire ;
Rougissez bien plutôt, vous en avez raison[3],
Et j'ai de sûrs témoins de votre trahison.
Voilà ce que marquaient[4] les troubles de mon âme ;
1290 Ce n'était pas en vain que s'alarmait ma flamme :
Par ces fréquents soupçons, qu'on[5] trouvait odieux,
Je cherchais le malheur qu'ont rencontré mes yeux :
Et, malgré tous vos soins et votre adresse à feindre,
Mon astre[6] me disait ce que j'avais à craindre.
1295 Mais ne présumez pas que, sans être vengé,

---

1. **Ouais :** interjection marquant la surprise (familier).
2. **Que toutes [...] que vous :** les vers 1281-1284 sont empruntés par Molière à son *Dom Garcie de Navarre*. Il en va de même pour les vers 1287-1310, 1371, 1381-1384, 1401-1408.
3. **Vous en avez raison :** vous avez toutes les raisons de le faire.
4. **Marquer :** présager.
5. **On :** vous.
6. **Mon astre :** mon destin.

Je souffre le dépit de me voir outragé.
Je sais que sur les vœux[1] on n'a point de puissance,
Que l'amour veut partout naître sans dépendance,
Que jamais par la force on n'entra dans un cœur
Et que toute âme est libre à nommer son vainqueur. 1300
Aussi ne trouverais-je aucun sujet de plainte,
Si pour moi votre bouche avait parlé sans feinte ;
Et, rejetant mes vœux dès le premier abord[2],
Mon cœur n'aurait eu droit de s'en prendre qu'au sort.
Mais d'un aveu trompeur voir ma flamme applaudie[3], 1305
C'est une trahison, c'est une perfidie
Qui ne saurait trouver de trop grands châtiments,
Et je puis tout permettre à mes ressentiments[4].
Oui, oui, redoutez tout après un tel outrage ;
Je ne suis plus à moi, je suis tout à la rage : 1310
Percé[5] du coup mortel dont vous m'assassinez,
Mes sens par la raison ne sont plus gouvernés ;
Je cède aux mouvements d'une juste colère,
Et je ne réponds pas de ce que je puis faire.

CÉLIMÈNE

D'où vient donc, je vous prie, un tel emportement ? 1315
Avez-vous, dites-moi, perdu le jugement[6] ?

ALCESTE

Oui, oui, je l'ai perdu lorsque dans votre vue
J'ai pris, pour mon malheur, le poison qui me tue,
Et que j'ai cru trouver quelque sincérité
Dans les traîtres appas dont je fus enchanté[7]. 1320

CÉLIMÈNE

De quelle trahison pouvez-vous donc vous plaindre ?

---

1. **Les vœux :** l'amour.
2. **Rejetant [...] abord :** si vous aviez d'emblée rejeté mon amour.
3. **Applaudie :** encouragée.
4. **Mes ressentiments :** ma soif de vengeance.
5. **Percé :** se rapporte au *je* sous-entendu au vers suivant par « *mes* sens ».
6. **Le jugement :** la raison.
7. **Enchanté :** ensorcelé.

ALCESTE

Ah ! que ce cœur est double et sait bien l'art de feindre !
Mais pour le mettre à bout j'ai des moyens tout prêts :
Jetez ici les yeux, et connaissez vos traits[1].
1325 Ce billet découvert[2] suffit pour vous confondre,
Et contre ce témoin[3] on n'a rien à répondre.

CÉLIMÈNE

Voilà donc le sujet qui vous trouble l'esprit ?

ALCESTE

Vous ne rougissez pas en voyant cet écrit ?

CÉLIMÈNE

Et par[4] quelle raison faut-il que j'en rougisse ?

ALCESTE

1330 Quoi ! vous joignez ici l'audace à l'artifice[5] !
Le désavouerez-vous pour n'avoir point de seing[6] ?

CÉLIMÈNE

Pourquoi désavouer un billet de ma main ?

ALCESTE

Et vous pouvez le voir sans demeurer confuse
Du crime dont vers moi[7] son style vous accuse ?

CÉLIMÈNE

1335 Vous êtes, sans mentir, un grand extravagant.

ALCESTE

Quoi ! vous bravez ainsi ce témoin convaincant,
Et ce qu'il m'a fait voir de douceur pour Oronte
N'a donc rien qui m'outrage et qui vous fasse honte ?

CÉLIMÈNE

Oronte ? Qui vous dit que la lettre est pour lui ?

---

1. **Connaissez vos traits :** reconnaissez votre écriture.
2. **Ce billet découvert :** la découverte de cette lettre.
3. **Ce témoin :** une telle preuve.
4. **Par :** pour.
5. **Artifice :** ruse.
6. **Pour n'avoir pas de seing :** sous le prétexte qu'il n'est pas signé.
7. **Vers moi :** envers moi.

ALCESTE

Les gens qui dans mes mains l'ont remise aujourd'hui.   1340
Mais je veux consentir qu'elle soit pour un autre :
Mon cœur en a-t-il moins à se plaindre du vôtre ?
En serez-vous vers moi moins coupable en effet[1] ?

CÉLIMÈNE

Mais, si c'est une femme à qui va ce billet,
Enquoi vous blesse-t-il, et qu'a-t-il de coupable ?   1345

ALCESTE

Ah ! le détour[2] est bon, et l'excuse admirable !
Je ne m'attendais pas, je l'avoue, à ce trait,
Et me voilà, par là, convaincu tout à fait.
Osez-vous recourir à ces ruses grossières ?
Et croyez-vous les gens si privés de lumières[3] ?   1350
Voyons, voyons un peu par quel biais, de quel air[4],
Vous voulez soutenir un mensonge si clair,
Et comment vous pourrez tourner pour[5] une femme
Tous les mots d'un billet qui montre tant de flamme.
Ajustez[6], pour couvrir un manquement de foi[7],   1355
Ce que je m'en vais lire...

CÉLIMÈNE

       Il ne me plaît pas, moi.
Je vous trouve plaisant d'user d'un tel empire[8]
Et de me dire au nez ce que vous m'osez dire.

ALCESTE

Non, non, sans s'emporter[9], prenez un peu souci[10]
De me justifier les termes que voici.   1360

---

1. **En effet :** dans les faits.
2. **Le détour :** le subterfuge.
3. **Si privés de lumières :** si sots.
4. **De quel air :** de quelle manière.
5. **Tourner pour :** justifier en appliquant à.
6. **Ajustez :** accordez.
7. **Manquement de foi :** infidélité.
8. **Empire :** autorité.
9. **Sans s'emporter :** sans vous emporter.
10. **Prendre souci :** s'efforcer de.

CÉLIMÈNE

Non, je n'en veux rien faire, et, dans cette occurrence[1],
Tout ce que vous croirez m'est de peu d'importance.

ALCESTE

De grâce, montrez-moi, je serai satisfait[2],
Qu'on peut pour une femme expliquer ce billet.

CÉLIMÈNE

1365 Non, il est pour Oronte, et je veux qu'on le croie ;
Je reçois tous ses soins avec beaucoup de joie,
J'admire ce qu'il dit, j'estime ce qu'il est,
Et je tombe d'accord de tout ce qu'il vous plaît.
Faites, prenez parti, que rien ne vous arrête,
1370 Et ne me rompez pas davantage la tête.

ALCESTE

Ciel ! rien de plus cruel peut-il être inventé ?
Et jamais cœur fut-il de la sorte traité ?
Quoi ! d'un juste courroux je suis ému[3] contre elle,
C'est moi qui me viens plaindre, et c'est moi qu'on querelle !
1375 On pousse ma douleur et mes soupçons à bout,
On me laisse tout croire, on fait gloire de tout ;
Et cependant mon cœur est encore assez lâche
Pour ne pouvoir briser la chaîne qui l'attache
Et pour ne pas s'armer d'un généreux[4] mépris
1380 Contre l'ingrat objet[5] dont il est trop épris !
Ah ! que vous savez bien ici contre moi-même,
Perfide, vous servir de ma faiblesse extrême,
Et ménager[6] pour vous l'excès prodigieux
De ce fatal amour né de vos traîtres yeux !
1385 Défendez-vous au moins d'un crime qui m'accable,
Et cessez d'affecter d'être envers moi coupable ;

---

1. **Dans cette occurrence :** en la circonstance.
2. **Je serai satisfait :** je saurai m'en satisfaire, je m'en contenterai.
3. **Ému :** animé.
4. **Généreux :** noble.
5. **Objet :** femme aimée.
6. **Ménager :** utiliser adroitement.

Rendez-moi, s'il se peut, ce billet innocent[1],
À vous prêter les mains[2] ma tendresse consent ;
Efforcez-vous ici de paraître fidèle,
Et je m'efforcerai, moi, de vous croire telle.   1390

CÉLIMÈNE

Allez, vous êtes fou dans vos transports jaloux,
Et ne méritez pas l'amour qu'on[3] a pour vous.
Je voudrais bien savoir qui[4] pourrait me contraindre
À descendre pour vous aux bassesses de feindre,
Et pourquoi, si mon cœur penchait d'autre côté[5],   1395
Je ne le dirais pas avec sincérité !
Quoi ! de mes sentiments l'obligeante assurance[6]
Contre tous vos soupçons ne prend pas ma défense ?
Auprès d'un tel garant[7] sont-ils de quelque poids ?
N'est-ce pas m'outrager que d'écouter leur voix ?   1400
Et, puisque notre cœur fait un effort extrême,
Lorsqu'il peut se résoudre à confesser qu'il aime ;
Puisque l'honneur du sexe[8], ennemi de nos feux[9],
S'oppose fortement à de pareils aveux,
L'amant qui voit pour lui franchir un tel obstacle   1405
Doit-il impunément douter de cet oracle,
Et n'est-il pas coupable en ne s'assurant pas[10]
À ce qu'on ne dit point qu'après de grands combats ?
Allez, de tels soupçons méritent ma colère,
Et vous ne valez pas que l'on vous considère[11] :   1410

---

1. **Rendez-moi [...] ce billet innocent :** persuadez-moi que ce billet n'a rien de coupable.
2. **Prêter les mains :** aider.
3. **On :** je.
4. **Qui :** ce qui.
5. **D'autre côté :** d'un autre côté.
6. **De mes sentiments [...] assurance :** les gages pour le moins flatteurs que je vous ai donnés de mon amour.
7. **Un tel garant :** une telle caution.
8. **L'honneur du sexe :** la pudeur et la réserve féminines.
9. **Feux :** sentiments amoureux.
10. **En ne s'assurant pas :** en ne se fiant pas.
11. **Considérer :** estimer.

Je suis sotte, et veux mal à ma simplicité[1]
De conserver encor pour vous quelque bonté ;
Je devrais autre part[2] attacher mon estime
Et vous faire un sujet de plainte légitime.

ALCESTE

1415 Ah ! traîtresse, mon faible est étrange pour vous !
Vous me trompez sans doute avec des mots si doux ;
Mais il n'importe, il faut suivre ma destinée ;
À votre foi[3] mon âme est toute abandonnée ;
Je veux voir jusqu'au bout quel sera votre cœur,
1420 Et si de me trahir il aura la noirceur.

CÉLIMÈNE

Non, vous ne m'aimez point comme il faut que l'on aime.

ALCESTE

Ah ! rien n'est comparable à mon amour extrême,
Et, dans l'ardeur qu'il a de se montrer à tous,
Il va jusqu'à former des souhaits contre vous.
1425 Oui, je voudrais qu'aucun ne vous trouvât aimable,
Que vous fussiez réduite en un sort misérable,
Que le ciel, en naissant[4], ne vous eût donné rien,
Que vous n'eussiez ni rang[5], ni naissance[6], ni bien,
Afin que de mon cœur l'éclatant sacrifice
1430 Vous pût d'un pareil sort réparer l'injustice ;
Et que j'eusse la joie et la gloire, en ce jour,
De vous voir tenir tout des mains de mon amour.

CÉLIMÈNE

C'est me vouloir du bien d'une étrange manière !
Me préserve le ciel que vous ayez matière...
1435 Voici monsieur[7] Du Bois, plaisamment figuré[8]...

---

1. **Et veux mal à ma simplicité :** et je m'en veux de ma naïveté.
2. **Autre part :** à quelqu'un d'autre que vous.
3. **Foi :** loyauté.
4. **En naissant :** à votre naissance.
5. **Rang :** condition sociale élevée.
6. **Naissance :** noblesse.
7. **Monsieur :** ironique et moqueur, accolé au nom du valet.
8. **Plaisamment figuré :** drôlement accoutré.

Mademoiselle Mars dans le rôle de Célimène.

Clefs d'analyse

Acte IV, scène 3.

Compréhension

La défense de Célimène

- Étudier la manière dont Célimène répond aux accusations d'Alceste par autant de questions.
- Observer les arguments utilisés par Célimène pour sa défense.
- Examiner à quel moment Célimène cesse de se justifier.

Alceste, entre pathétique et ridicule

- Relever dans le discours d'Alceste des expressions relevant d'un registre élevé, voire tragique.
- Noter les expressions familières qu'utilise Alceste.

Réflexion

Alceste, personnage tragique ?

- Expliquer pourquoi Alceste peut être rapproché des personnages raciniens.
- Analyser la manière dont les tendances tyranniques d'Alceste reprennent finalement le dessus.

Deux visions du monde irréconciliables

- Observer les similitudes entre cette scène et la scène 1 de l'acte II.
- Expliquer pourquoi cette scène est celle d'une déception mutuelle.

À retenir :

Les visions du monde d'Alceste et de Célimène s'avèrent décidément irréconciliables : le désespoir d'Alceste, amoureux transi et déçu, est palpable et pourrait conduire à une interprétation tragique de cette scène. Cependant, Molière joue ici bien plutôt d'un effet de superposition entre les registres comique et tragique, la tirade d'Alceste (v. 1289-1310) constituant une réécriture tragi-comique du Dom Garcie de Navarre. La colère tyrannique d'Alceste et ses prétentions ridicules à l'héroïsme viennent ainsi contrebalancer la mise en scène pathétique de sa souffrance et de sa douloureuse lucidité.

Scène 4 Du Bois, Célimène, Alceste

ALCESTE

Que veut cet équipage[1] et cet air effaré ?
Qu'as-tu ?

Du Bois

Monsieur…

ALCESTE

Eh bien ?

Du Bois

Voici bien des mystères.

ALCESTE

Qu'est-ce ?

Du Bois

Nous sommes mal, monsieur, dans nos affaires.

ALCESTE

Quoi ?

Du Bois

Parlerai-je haut ?

ALCESTE

Oui, parle, et promptement.

Du Bois

N'est-il point là quelqu'un…   1440

ALCESTE

Ah ! que d'amusements[2] !

Veux-tu parler ?

Du Bois

Monsieur, il faut faire retraite[3].

---

1. **Que veut cet équipage ?** : que signifie cet accoutrement ?
2. **Que d'amusements !** : que de temps perdu !
3. **Faire retraite** : partir (registre militaire).

ALCESTE

Comment ?

DU BOIS

Il faut d'ici déloger sans trompette[1].

ALCESTE

Et pourquoi ?

DU BOIS

Je vous dis qu'il faut quitter ce lieu.

ALCESTE

La cause ?

DU BOIS

Il faut partir, monsieur, sans dire adieu.

ALCESTE

1445   Mais par quelle raison me tiens-tu ce langage ?

DU BOIS

Par la raison, monsieur, qu'il faut plier bagage.

ALCESTE

Ah ! je te casserai la tête assurément,
Si tu ne veux, maraud[2], t'expliquer autrement.

DU BOIS

Monsieur, un homme noir et d'habit et de mine[3]
1450   Est venu nous laisser, jusque dans la cuisine,
Un papier griffonné d'une telle façon
Qu'il faudrait, pour le lire, être pis[4] que démon.
C'est de[5] votre procès, je n'en fais aucun doute ;
Mais le diable d'enfer, je crois, n'y verrait goutte.

ALCESTE

1455   Eh bien ! quoi ? ce papier, qu'a-t-il à démêler[6],

---

1. **Déloger sans trompette :** se retirer discrètement (registre militaire).
2. **Maraud :** coquin, scélérat.
3. **Un homme noir [...] de mine :** l'officier de justice chargé d'annoncer à Alceste la perte de son procès.
4. **Pis :** pire.
5. **De :** au sujet de.
6. **Qu'a-t-il à démêler ? :** quel rapport a-t-il ?

Traître, avec le départ dont tu viens me parler ?

Du Bois

C'est pour vous dire ici, monsieur, qu'une heure ensuite [1],
Un homme qui souvent vous vient rendre visite
Est venu vous chercher avec empressement,
Et, ne vous trouvant pas, m'a chargé doucement,   1460
Sachant que je vous sers avec beaucoup de zèle,
De vous dire... Attendez, comme [2] est-ce qu'il s'appelle ?

Alceste

Laisse là son nom, traître, et dis ce qu'il t'a dit.

Du Bois

C'est un de vos amis, enfin, cela suffit.
Il m'a dit que d'ici votre péril vous chasse,   1465
Et que d'être arrêté le sort vous y menace.

Alceste

Mais quoi ! n'a-t-il voulu te rien spécifier [3] ?

Du Bois

Non, il m'a demandé de l'encre et du papier,
Et vous a fait un mot, où vous pourrez, je pense,
Du fond de ce mystère avoir la connaissance.   1470

Alceste

Donne-le donc !

Célimène

Que peut envelopper [4] ceci ?

Alceste

Je ne sais, mais j'aspire à m'en voir éclairci.
Auras-tu bientôt fait, impertinent au diable ?

Du Bois, *après l'avoir longtemps cherché.*
Ma foi, je l'ai, monsieur, laissé sur votre table.

---

1. **Une heure ensuite :** une heure plus tard.
2. **Comme :** comment.
3. **N'a-t-il voulu te rien spécifier ? :** n'a-t-il pas cherché à t'indiquer quelque chose ?
4. **Envelopper :** cacher.

ALCESTE

1475 Je ne sais qui me tient[1]...

CÉLIMÈNE

                Ne vous emportez pas,
Et courez démêler un pareil embarras.

ALCESTE

Il semble que le sort, quelque soin que je prenne,
Ait juré d'empêcher que je vous entretienne[2] ;
Mais, pour en[3] triompher, souffrez[4] à mon amour
1480 De vous revoir, madame, avant la fin du jour.

---

1. **Qui me tient :** ce qui me retient.
2. **Que je vous entretienne :** que je m'entretienne avec vous.
3. **En :** du sort.
4. **Souffrez :** permettez.

Synthèse Acte IV

De multiples obstacles

Personnages
L'isolement d'Alceste

Alceste connaît maintenant la duplicité de Célimène. Cependant, un autre obstacle se dresse entre Alceste et le monde : la menace d'un autre procès. Célimène parvient à se faire pardonner d'Alceste mais sa duplicité est de plus en plus évidente. Éliante et Philinte, modérés et pleins d'abnégation, présentent de nombreux points communs. Philinte déclare son amour à Éliante, qui affirme cependant être amoureuse d'Alceste.

Langage
Du comique au tragique

Le discours d'Alceste présente de nombreux caractères propres à la tragédie – et Molière n'hésite pas à placer dans sa bouche des vers entiers de sa comédie héroïque *Dom Garcie de Navarre*. Cependant, cette transposition d'un lexique tragique dans un contexte comique crée un effet de parodie, qui dit la souffrance du personnage tout en la mettant à distance par la dissonance burlesque qu'elle implique : exagérations, invocations lyriques voisinant avec les interjections familières, etc. Elle contraste avec le langage de Philinte et Éliante, multipliant les modalisateurs et les formules d'atténuation.

Société
La fréquence des procès et la judiciarisation de la société

L'importance accordée à l'honneur ainsi que l'espérance de dédommagements importants contribuent à la multiplication des procès au XVIIe siècle. Alors que le duel, par lequel se réglaient autrefois les affaires d'honneur, est de plus en plus fermement interdit, les procès constituent, surtout pour les aristocrates, une manière lucrative et publique de régler les conflits.

ACTE V

Scène 1 ALCESTE, PHILINTE

ALCESTE

La résolution en est prise, vous dis-je.

PHILINTE

Mais, quel que soit ce coup, faut-il qu'il vous oblige…

ALCESTE

Non, vous avez beau faire et beau me raisonner,
Rien de ce que je dis ne me peut détourner[1] ;
1485 Trop de perversité règne au siècle où nous sommes.
Et je veux me tirer du commerce des hommes[2].
Quoi ! contre ma partie[3] on voit tout à la fois
L'honneur, la probité[4], la pudeur et les lois ;
On publie en tous lieux l'équité de ma cause,
1490 Sur la foi de[5] mon droit mon âme se repose ;
Cependant je me vois trompé par le succès[6] :
J'ai pour moi la justice, et je perds mon procès !
Un traître, dont on sait la scandaleuse histoire,
Est sorti triomphant d'une[7] fausseté noire !
1495 Toute la bonne foi cède à sa trahison !
Il trouve, en m'égorgeant, moyen d'avoir raison !
Le poids de sa grimace, où brille l'artifice,
Renverse le bon droit, et tourne[8] la justice !
Il fait par un arrêt[9] couronner son forfait ;

---

1. **Rien […] détourner** : rien ne peut me détourner de ce que je dis.
2. **Me tirer du commerce des hommes** : cesser de fréquenter les hommes.
3. **Partie** : adversaire dans un procès.
4. **Probité** : honnêteté.
5. **La foi de** : la confiance en.
6. **Succès** : issue, résultat.
7. **D'une** : au moyen d'une.
8. **Tourner** : corrompre, fausser.
9. **Arrêt** : décision de justice.

Et, non content encor du tort que l'on me fait,   1500
Il court parmi le monde un livre abominable,
Et de qui la lecture est même[1] condamnable,
Un livre à mériter la dernière rigueur,
Dont le fourbe a le front de me faire l'auteur !
Et, là-dessus, on voit Oronte qui murmure[2],   1505
Et tâche méchamment d'appuyer l'imposture !
Lui qui d'un honnête homme à la cour tient le rang,
À qui je n'ai rien fait qu'être sincère et franc,
Qui me vient, malgré moi, d'une ardeur empressée,
Sur des vers qu'il a faits demander ma pensée ;   1510
Et, parce que j'en use[3] avec honnêteté,
Et ne le veux trahir, lui, ni la vérité,
Il aide à m'accabler d'un crime imaginaire !
Le voilà devenu mon plus grand adversaire,
Et jamais de son cœur je n'aurai de pardon,   1515
Pour n'avoir pas trouvé que son sonnet fût bon !
Et les hommes, morbleu ! sont faits de cette sorte !
C'est à ces actions que la gloire[4] les porte !
Voilà la bonne foi, le zèle vertueux,
La justice et l'honneur que l'on trouve chez eux !   1520
Allons, c'est trop souffrir les chagrins qu'on nous forge ;
Tirons-nous de ce bois et de ce coupe-gorge.
Puisque entre humains ainsi vous vivez en vrais loups,
Traîtres, vous ne m'aurez de ma vie avec vous.

PHILINTE

Je trouve un peu bien[5] prompt le dessein où vous êtes,   1525
Et tout le mal n'est pas si grand que vous le faites :
Ce que votre partie ose vous imputer
N'a point eu le crédit de vous faire arrêter[6] ;

---

1. **La lecture est même :** la lecture même est (condamnable).
2. **Murmurer :** calomnier.
3. **En user :** agir.
4. **Gloire :** orgueil.
5. **Un peu bien :** beaucoup trop.
6. **Ce que [...] faire arrêter :** les accusations portées par votre adversaire n'ont pas joui d'un crédit suffisant pour entraîner votre arrestation.

On voit son faux rapport lui-même se détruire[1],
1530 Et c'est une action qui pourrait bien lui nuire.

ALCESTE

Lui ? De semblables tours il ne craint point l'éclat ;
Il a permission d'être franc scélérat,
Et loin qu'à son crédit nuise cette aventure,
On l'en verra demain en meilleure posture.

PHILINTE

1535 Enfin, il est constant[2] qu'on n'a point trop donné
Au bruit[3] que contre vous sa malice[4] a tourné :
De ce côté, déjà, vous n'avez rien à craindre,
Et pour votre procès, dont vous pouvez vous plaindre,
Il vous est, en justice, aisé d'y revenir,
1540 Et contre cet arrêt...

ALCESTE

Non, je veux m'y tenir.
Quelque sensible tort qu'un tel arrêt me fasse,
Je me garderai bien de vouloir qu'on le casse :
On y voit trop à plein[5] le bon droit maltraité,
Et je veux qu'il demeure à la postérité
1545 Comme une marque insigne, un fameux témoignage
De la méchanceté des hommes de notre âge.
Ce sont vingt mille francs qu'il m'en pourra coûter,
Mais pour vingt mille francs[6] j'aurai droit de pester
Contre l'iniquité[7] de la nature humaine,
1550 Et de nourrir pour elle une immortelle haine.

PHILINTE

Mais enfin...

---

1. **Lui-même se détruire :** se détruire lui-même.
2. **Il est constant :** il est avéré, c'est un fait.
3. **Donner au bruit :** prêter foi à la rumeur.
4. **Malice :** méchanceté.
5. **À plein :** pleinement.
6. **Vingt mille francs :** l'équivalent de quatre-vingt-dix mille euros actuels.
7. **Iniquité :** injustice.

ALCESTE

Mais enfin, vos soins[1] sont superflus :
Que pouvez-vous, monsieur, me dire là-dessus ?
Aurez-vous bien le front de me vouloir en face
Excuser les horreurs de tout ce qui se passe ?

PHILINTE

Non, je tombe d'accord de tout ce qu'il vous plaît :   1555
Tout marche par cabale[2] et par pur intérêt ;
Ce n'est plus que la ruse aujourd'hui qui l'emporte,
Et les hommes devraient être faits d'autre sorte ;
Mais est-ce une raison que leur peu d'équité
Pour vouloir se tirer[3] de leur société ?   1560
Tous ces défauts humains nous donnent, dans la vie,
Des moyens d'exercer notre philosophie ;
C'est le plus bel emploi[4] que trouve la vertu ;
Et, si de probité tout était revêtu,
Si tous les cœurs étaient francs, justes et dociles,   1565
La plupart des vertus nous seraient inutiles.
Puisqu'on en met l'usage à pouvoir sans ennui
Supporter, dans nos droits[5] l'injustice d'autrui ;
Et, de même qu'un cœur d'une vertu profonde…

ALCESTE

Je sais que vous parlez, monsieur, le mieux du monde ;   1570
En beaux raisonnements vous abondez toujours ;
Mais vous perdez le temps et tous vos beaux discours.
La raison, pour mon bien, veut que je me retire :
Je n'ai point sur ma langue un assez grand empire[6].
De ce que je dirais je ne répondrais pas,   1575
Et je me jetterais cent choses sur les bras.

---

1. **Vos soins :** vos efforts.
2. **Cabale :** intrigue.
3. **Se tirer :** se retirer.
4. **Emploi :** exercice, occupation.
5. **Dans nos droits :** alors même que nous sommes dans notre droit.
6. **Je n'ai point […] empire :** je ne maîtrise pas suffisamment mes paroles.

Laissez-moi sans dispute[1] attendre Célimène :
Il faut qu'elle consente au dessein qui m'amène ;
Je vais voir si son cœur a de l'amour pour moi,
1580 Et c'est ce moment-ci qui doit m'en faire foi[2].

PHILINTE
Montons chez Éliante, attendant sa venue.

ALCESTE
Non, de trop de souci je me sens l'âme émue.
Allez-vous-en la voir, et me laissez enfin
Dans ce petit coin sombre avec mon noir chagrin.

PHILINTE
1585 C'est une compagnie étrange pour attendre,
Et je vais obliger Éliante à[3] descendre.

Scène 2 ORONTE, CÉLIMÈNE, ALCESTE

ORONTE
Oui, c'est à vous de voir si par des nœuds si doux,
Madame, vous voulez m'attacher tout à vous.
Il me faut de votre âme une pleine assurance[4] :
1590 Un amant là-dessus n'aime point qu'on balance[5].
Si l'ardeur de mes feux a pu vous émouvoir,
Vous ne devez point feindre à[6] me le faire voir ;
Et la preuve, après tout, que je vous en demande,
C'est de ne plus souffrir qu'Alceste vous prétende[7],

---

1. **Sans dispute :** sans discussion.
2. **M'en faire foi :** m'en apporter la preuve.
3. **Obliger à :** prier de, inviter à.
4. **Il me faut [...] assurance :** je veux être absolument sûr de vos sentiments.
5. **Balancer :** hésiter.
6. **Feindre à :** hésiter à.
7. **Vous prétende :** soit votre prétendant.

De le sacrifier, madame, à mon amour,   1595
Et de chez vous enfin le bannir dès ce jour.

CÉLIMÈNE

Mais quel sujet si grand contre lui vous irrite,
Vous à qui j'ai tant vu parler de son mérite ?

ORONTE

Madame, il ne faut point ces éclaircissements ;
Il s'agit de savoir quels sont vos sentiments ;   1600
Choisissez, s'il vous plaît, de garder l'un ou l'autre ;
Ma résolution n'attend rien que la vôtre.

ALCESTE, *sortant du coin où il s'était retiré.*

Oui, monsieur a raison ; madame, il faut choisir,
Et sa demande ici s'accorde à mon désir ;
Pareille ardeur me presse et même soin m'amène :   1605
Mon amour veut du vôtre une marque certaine.
Les choses ne sont plus pour traîner en longueur,
Et voici le moment d'expliquer votre cœur.

ORONTE

Je ne veux point, monsieur, d'une flamme importune
Troubler aucunement votre bonne fortune.   1610

ALCESTE

Je ne veux point, monsieur, jaloux ou non jaloux,
Partager de son cœur rien du tout avec vous.

ORONTE

Si votre amour au mien lui semble préférable...

ALCESTE

Si du moindre penchant elle est pour vous capable...

ORONTE

Je jure de n'y rien prétendre désormais.   1615

ALCESTE

Je jure hautement de ne la voir jamais.

ORONTE

Madame, c'est à vous de parler sans contrainte.

ALCESTE

Madame, vous pouvez vous expliquer sans crainte.

ORONTE

Vous n'avez qu'à nous dire où s'attachent vos vœux.

ALCESTE
1620 Vous n'avez qu'à trancher[1] et choisir de nous deux.

ORONTE
Quoi ! sur un pareil choix vous semblez être en peine ?

ALCESTE
Quoi ! votre âme balance et paraît incertaine ?

CÉLIMÈNE
Mon Dieu ! que cette instance[2] est là hors de saison,
Et que vous témoignez tous deux peu de raison !
1625 Je sais prendre parti sur cette préférence[3],
Et ce n'est pas mon cœur maintenant qui balance :
Il n'est point suspendu, sans doute, entre vous deux,
Et rien n'est si tôt fait que le choix de nos vœux.
Mais je souffre, à vrai dire, une gêne trop forte
1630 À prononcer en face un aveu de la sorte :
Je trouve que ces mots, qui sont désobligeants,
Ne se doivent point dire en présence des gens ;
Qu'un cœur de son penchant donne assez de lumière,
Sans qu'on nous fasse aller jusqu'à rompre en visière[4],
1635 Et qu'il suffit enfin que de plus doux témoins[5]
Instruisent un amant du malheur[6] de ses soins.

ORONTE
Non, non, un franc aveu n'a rien que j'appréhende,
J'y consens pour ma part.

ALCESTE
       Et moi, je le demande.
C'est son éclat[7] surtout qu'ici j'ose exiger,
1640 Et je ne prétends point vous voir rien ménager.

---

1. **Trancher :** décider.
2. **Instance :** insistance.
3. **Je sais [...] préférence :** je suis en mesure de choisir entre vous deux.
4. **Rompre en visière :** attaquer de face ; donc, ici, se déclarer ouvertement, sans plus de précaution pour les prétendants malheureux.
5. **De plus doux témoins :** des indices moins désobligeants.
6. **Malheur :** insuccès.
7. **Son éclat :** le fait qu'il éclate au grand jour, qu'on le formule ouvertement.

Conserver tout le monde est votre grande étude[1] !
Mais plus d'amusement[2] et plus d'incertitude :
Il faut vous expliquer nettement là-dessus,
Ou bien pour un arrêt[3] je prends votre refus.
Je saurai, de ma part[4], expliquer ce silence,   1645
Et me tiendrai pour dit tout le mal que j'en pense.

ORONTE
Je vous sais fort bon gré, monsieur, de ce courroux,
Et je lui dis ici même chose que vous.

CÉLIMÈNE
Que vous me fatiguez avec un tel caprice !
Ce que vous demandez a-t-il de la justice,   1650
Et ne vous dis-je pas quel motif me retient ?
J'en vais prendre pour juge Éliante, qui vient.

---

1. **Votre grande étude :** votre occupation favorite.
2. **Amusement :** détour, manœuvre dilatoire.
3. **Arrêt :** verdict, sentence.
4. **De ma part :** quant à moi.

ALCESTE .... du vou ou d choit.
Oui, Monsieur a raison, Madame il faut choisir :
Et sa demande ici s'accorde à mon desir.

A. Moreau.   AC.V. SC.II.

Illustration des vers 1603-1604.
Dessin de Jean-Michel Moreau le Jeune.

Scène 3 ÉLIANTE, ORONTE, PHILINTE, CÉLIMÈNE, ALCESTE

CÉLIMÈNE

Je me vois, ma cousine, ici persécutée
Par des gens dont l'humeur y paraît concertée[1].
Ils veulent l'un et l'autre avec même chaleur   1655
Que je prononce entre eux le choix que fait mon cœur,
Et que, par un arrêt, qu'en face il me faut rendre,
Je défende à l'un d'eux tous les soins qu'il peut prendre[2].
Dites-moi si jamais cela se fait ainsi.

ÉLIANTE

N'allez point là-dessus me consulter ici[3] ;   1660
Peut-être y pourriez-vous être mal adressée,
Et je suis pour les gens qui disent leur pensée.

ORONTE

Madame, c'est en vain que vous vous défendez.

ALCESTE

Tous vos détours ici[4] seront mal secondés[5].

ORONTE

Il faut, il faut parler, et lâcher la balance[6].   1665

ALCESTE

Il ne faut que poursuivre à[7] garder le silence.

ORONTE

Je ne veux qu'un seul mot pour finir nos débats.

ALCESTE

Et moi, je vous entends[8], si vous ne parlez pas.

---

1. **Dont l'humeur y paraît concertée :** qui semblent s'être donnés le mot, s'être entendus, pour le faire.
2. **Tous les soins qu'il peut prendre :** toutes les attentions amoureuses qu'il a pour moi.
3. **Ici :** en ce lieu.
4. **Ici :** par Éliante.
5. **Secondés :** aidés.
6. **Lâcher la balance :** se décider, faire un choix.
7. **Poursuivre à :** continuer de.
8. **Entendre :** ouïr et comprendre.

Scène 4 ACASTE, CLITANDRE, ARSINOÉ, PHILINTE, ÉLIANTE, ORONTE, CÉLIMÈNE, ALCESTE

ACASTE

Madame, nous venons tous deux, sans vous déplaire,
1670 Éclaircir avec vous une petite affaire.

CLITANDRE, *à Oronte et à Alceste.*

Fort à propos, messieurs, vous vous trouvez ici,
Et vous êtes mêlés[1] dans cette affaire aussi.

ARSINOÉ

Madame, vous serez surprise de ma vue,
Mais ce sont ces messieurs qui causent ma venue :
1675 Tous deux, ils m'ont trouvée et se sont plaints à moi
D'un trait à qui[2] mon cœur ne saurait prêter foi.
J'ai du fond de votre âme une trop haute estime
Pour vous croire jamais capable d'un tel crime ;
Mes yeux ont démenti leurs témoins les plus forts,
1680 Et, l'amitié passant sur les petits discords[3],
J'ai bien voulu chez vous leur faire compagnie
Pour vous voir vous laver de cette calomnie.

ACASTE

Oui, madame, voyons, d'un esprit adouci,
Comment vous vous prendrez à soutenir[4] ceci.
1685 Cette lettre par vous est écrite à Clitandre.

CLITANDRE

Vous avez pour Acaste écrit ce billet tendre.

ACASTE, *à Oronte et à Alceste.*

Messieurs, ces traits[5] pour vous n'ont point d'obscurité,

---

1. **Mêlés dans :** concernés par.
2. **Un trait à qui :** une action blâmable, à laquelle.
3. **Discords :** querelles, différends.
4. **Soutenir :** faire face à (concernant un assaut).
5. **Ces traits :** cette écriture.

Et je ne doute pas que sa civilité[1]
À connaître sa main[2] n'ait trop su vous instruire ;
Mais ceci vaut assez la peine de le lire :   1690

> « Vous êtes un étrange homme de condamner mon
> enjouement et de me reprocher que je n'ai jamais tant
> de joie que lorsque je ne suis pas avec vous. Il n'y a
> rien de plus injuste ; et, si vous ne venez bien vite me
> demander pardon de cette offense, je ne vous le par-
> donnerai de ma vie. Notre grand flandrin de vicomte... »

Il devrait être ici.

> « Notre grand flandrin[3] de vicomte, par qui vous com-
> mencez vos plaintes, est un homme qui ne saurait
> me revenir[4] : et, depuis que je l'ai vu, trois quarts
> d'heure durant, cracher dans un puits pour faire des
> ronds, je n'ai pu jamais prendre bonne opinion de
> lui. Pour le petit marquis... »

C'est moi-même, messieurs, sans nulle vanité.

> « Pour le petit marquis, qui me tint hier longtemps la
> main[5], je trouve qu'il n'y a rien de si mince que toute
> sa personne ; et ce sont de ces mérites[6] qui n'ont que
> la cape et l'épée[7]. Pour l'homme aux rubans verts... »

(À Alceste.)
À vous le dé[8], monsieur.

> « Pour l'homme aux rubans verts, il me divertit
> quelquefois avec ses brusqueries et son chagrin
> bourru[9] ; mais il est cent moments où je le trouve

---

1. **Civilité :** politesse.
2. **Connaître sa main :** reconnaître son écriture.
3. **Notre grand flandrin :** notre grand dadais.
4. **Me revenir :** me plaire.
5. **Tenir la main :** accompagner.
6. **Ces mérites :** ces gens de mérite.
7. **N'avoir que la cape et l'épée :** n'avoir que très peu de valeur.
8. **À vous le dé :** à vous la main, à votre tour.
9. **Bourru :** « fantasque bizarre, extravagant » (*Dictionnaire de l'Académie*, 1694). Selon Furetière, quelqu'un de bourru « ne veut point voir le monde ».

le plus fâcheux[1] du monde. Et pour l'homme à la
veste… »

(À Oronte.)

Voici votre paquet[2].

« Et pour l'homme à la veste, qui s'est jeté dans le
bel esprit et veut être auteur malgré tout le monde,
je ne puis me donner la peine d'écouter ce qu'il dit,
et sa prose me fatigue autant que ses vers. Mettez-
vous donc en tête que je ne me divertis pas toujours
si bien que vous pensez ; que je vous trouve à dire[3]
plus que je ne voudrais dans toutes les parties[4] où
l'on m'entraîne, et que c'est un merveilleux assai-
sonnement aux plaisirs qu'on goûte que la présence
des gens qu'on aime. »

CLITANDRE

Me voici maintenant, moi.

« Votre Clitandre, dont vous me parlez, et qui fait
tant le doucereux, est le dernier des hommes pour
qui j'aurais de l'amitié. Il est extravagant de se
persuader qu'on l'aime, et vous l'êtes de croire
qu'on ne vous aime pas. Changez[5], pour être
raisonnable, vos sentiments contre les siens, et
voyez-moi le plus que vous pourrez, pour m'aider à
porter le chagrin[6] d'en être obsédée[7]. »

D'un fort beau caractère on voit là le modèle,
Madame, et vous savez comment cela s'appelle ?
Il suffit, nous allons l'un et l'autre en tous lieux
Montrer de votre cœur le portrait glorieux.

ACASTE

1695   J'aurais de quoi vous dire, et belle est la matière,

---

1. **Fâcheux :** pénible.
2. **Voici votre paquet :** voici ce qui vous revient ; à votre tour.
3. **Je vous trouve à dire :** je regrette votre absence.
4. **Parties :** divertissements.
5. **Changer :** échanger.
6. **Porter le chagrin :** supporter le calvaire.
7. **Obsédée :** assiégée, importunée.

Mais je ne vous tiens pas digne de ma colère,
Et je vous ferai voir que les petits marquis
Ont pour se consoler des cœurs du plus haut prix.

ORONTE

Quoi ! de cette façon je vois qu'on me déchire[1].
Après tout ce qu'à moi je vous ai vu m'écrire :   1700
Et votre cœur, paré de beaux semblants[2] d'amour,
À tout le genre humain se promet tour à tour !
Allez, j'étais trop dupe, et je vais ne plus l'être ;
Vous me faites un bien, me faisant vous connaître ;
J'y profite d'un cœur[3] qu'ainsi vous me rendez,   1705
Et trouve ma vengeance en ce que vous perdez.
(À Alceste.)
Monsieur, je ne fais plus d'obstacle à votre flamme,
Et vous pouvez conclure affaire avec madame.

ARSINOÉ

Certes, voilà le trait du monde le plus noir ;
Je ne m'en saurais taire et me sens émouvoir[4].   1710
Voit-on des procédés qui soient pareils aux vôtres ?
Je ne prends point de part aux intérêts des autres[5] ;
Mais monsieur, que chez vous fixait votre bonheur,
Un homme comme lui, de mérite et d'honneur,
Et qui vous chérissait avec idolâtrie,   1715
Devait-il...

ALCESTE

      Laissez-moi, madame, je vous prie,
Vider[6] mes intérêts moi-même là-dessus,
Et ne vous chargez point de ces soins superflus.
Mon cœur a beau vous voir prendre ici sa querelle[7],

---

1. **Déchirer :** attaquer.
2. **Semblants :** apparences.
3. **J'y profite d'un cœur :** de ce fait, je regagne mon cœur.
4. **Et me sens émouvoir :** et ressens une très vive émotion.
5. **Des autres :** ici, Oronte et les marquis.
6. **Vider :** régler.
7. **Prendre sa querelle :** défendre sa cause.

1720 Il n'est point en état de payer ce grand zèle,
Et ce n'est pas à vous que je pourrai songer
Si par un autre choix je cherche à me venger.

ARSINOÉ

Hé ! croyez-vous, monsieur, qu'on ait cette pensée
Et que de vous avoir on soit tant empressée ?
1725 Je vous trouve un esprit bien plein de vanité,
Si de cette créance[1] il peut s'être flatté :
Le rebut de madame[2] est une marchandise
Dont on aurait grand tort d'être si fort éprise.
Détrompez-vous, de grâce, et portez-le moins haut[3] ;
1730 Ce ne sont pas des gens comme moi qu'il vous faut ;
Vous ferez bien encor de soupirer pour elle,
Et je brûle de voir une union si belle.
(Elle se retire.)

ALCESTE

Hé bien ! je me suis tu, malgré ce que je voi[4],
Et j'ai laissé parler tout le monde avant moi.
1735 Ai-je pris sur moi-même un assez long empire[5],
Et puis-je maintenant ?...

CÉLIMÈNE

            Oui, vous pouvez tout dire ;
Vous en êtes en droit, lorsque vous vous plaindrez,
Et de me reprocher tout ce que vous voudrez.
J'ai tort, je le confesse, et mon âme confuse[6]
1740 Ne cherche à vous payer d'aucune vaine excuse.
J'ai des autres ici méprisé le courroux,
Mais je tombe d'accord de mon crime envers vous.
Votre ressentiment, sans doute, est raisonnable ;
Je sais combien je dois vous paraître coupable,

---

1. **Créance :** croyance.
2. **Le rebut de Madame :** ce dont Madame n'a pas voulu.
3. **Portez-le moins haut :** prenez des airs moins hautains.
4. **Voi :** vois.
5. **Ai-je pris [...] empire ? :** me suis-je assez maîtrisé ?
6. **Confuse :** confondue ou troublée (les deux sens sont possibles).

Que toute chose dit que j'ai pu vous trahir,   1745
Et qu'enfin vous avez sujet de me haïr.
Faites-le, j'y consens.

ALCESTE

Hé ! le puis-je, traîtresse ?
Puis-je ainsi triompher de toute ma tendresse ?
Et, quoique avec ardeur je veuille vous haïr,
Trouvé-je un cœur en moi tout prêt à m'obéir ?   1750
(À Éliante et Philinte.)
Vous voyez ce que peut une indigne tendresse,
Et je vous fais tous deux témoins de ma faiblesse.
Mais, à vous dire vrai, ce n'est pas encor tout,
Et vous allez me voir la pousser jusqu'au bout,
Montrer que c'est à tort que sages on nous nomme,   1755
Et que dans tous les cœurs il est toujours de l'homme[1].
(À Célimène.)
Oui, je veux bien, perfide, oublier vos forfaits,
J'en saurai dans mon âme excuser tous les traits,
Et me les couvrirai du nom d'une faiblesse
Où le vice du temps porte votre jeunesse,   1760
Pourvu que votre cœur veuille donner les mains[2]
Au dessein que je fais de fuir tous les humains,
Et que dans mon désert[3], où j'ai fait vœu de vivre,
Vous soyez, sans tarder, résolue à me suivre.
C'est par là seulement que, dans tous les esprits,   1765
Vous pouvez réparer le mal de vos écrits.
Et qu'après cet éclat, qu'un noble cœur abhorre,
Il peut m'être permis de vous aimer encore.

CÉLIMÈNE

Moi, renoncer au monde avant que de vieillir,
Et dans votre désert aller m'ensevelir !   1770

---

1. **Dans tous les cœurs [...] l'homme** : nul homme n'est exempt de
   faiblesses.
2. **Donner les mains** : se prêter.
3. **Désert** : maison de campagne « hors des chemins et éloignée du
   commerce du monde » (Furetière).

ALCESTE

Eh ! s'il faut qu'à mes feux votre flamme réponde,
Que doit vous importer tout le reste du monde ?
Vos désirs avec moi ne sont-ils pas contents[1] ?

CÉLIMÈNE

La solitude effraye une âme de vingt ans ;
1775 Je ne sens point la mienne assez grande, assez forte,
Pour me résoudre à prendre un dessein de la sorte.
Si le don de ma main peut contenter vos vœux,
Je pourrai me résoudre à serrer de tels nœuds[2],
Et l'hymen[3]...

ALCESTE

Non, mon cœur à présent vous déteste,
1780 Et ce refus lui seul fait plus que tout le reste.
Puisque vous n'êtes point, en des liens si doux,
Pour[4] trouver tout en moi, comme moi tout en vous,
Allez, je vous refuse, et ce sensible outrage
De vos indignes fers[5] pour jamais[6] me dégage.
(Célimène se retire et Alceste parle à Éliante.)
1785 Madame, cent vertus ornent votre beauté,
Et je n'ai vu qu'en vous de la sincérité ;
De vous, depuis longtemps, je fais un cas extrême ;
Mais laissez-moi toujours vous estimer de même,
Et souffrez que mon cœur, dans ses troubles divers,
1790 Ne se présente point à l'honneur de vos fers[7] ;
Je m'en sens trop indigne et commence à connaître[8]
Que le ciel pour ce nœud ne m'avait point fait naître ;

---

1. **Contents :** parfaitement satisfaits.
2. **Se résoudre à serrer de tels nœuds :** consentir à une telle union.
3. **Hymen :** mariage.
4. **Vous n'êtes point pour :** vous n'êtes pas capable de.
5. **Vos fers :** l'amour que je vous porte (vocabulaire précieux).
6. **Jamais :** toujours.
7. **Ne se présente [...] vos fers :** ne prétende pas à l'honneur de vous épouser.
8. **Connaître :** comprendre, réaliser.

Que ce serait pour vous un hommage trop bas
Que le rebut[1] d'un cœur[2] qui ne vous valait pas ;
Et qu'enfin...   1795

ÉLIANTE

Vous pouvez suivre cette pensée ;
Ma main de se donner n'est pas embarrassée,
Et voilà votre ami, sans trop m'inquiéter[3],
Qui, si je l'en priais, la pourrait accepter.

PHILINTE

Ah ! cet honneur, madame, est toute mon envie,
Et j'y sacrifierais et mon sang et ma vie.   1800

ALCESTE

Puissiez-vous, pour goûter de vrais contentements,
L'un pour l'autre à jamais garder ces sentiments.
Trahi de toutes parts, accablé d'injustices,
Je vais sortir d'un gouffre où triomphent les vices,
Et chercher sur la terre un endroit écarté[4]   1805
Où d'être homme d'honneur on ait la liberté.

PHILINTE

Allons, madame, allons employer toute chose
Pour rompre le dessein que son cœur se propose.

---

1. **Le rebut :** Alceste lui-même.
2. **Un cœur :** celui de Célimène.
3. **Sans trop m'inquiéter :** sans que je m'inquiète trop, j'en suis sûre.
4. **Écarté :** retiré.

Clefs d'analyse

Acte V, scène 4.

Compréhension

Lettres et portraits

- Analyser comment le début de cette scène parvient à faire écho à la « scène des portraits » (II, 4).
- Observer en quoi le portrait que Célimène trace d'Alceste est moins blessant que ceux qu'elle brosse des autres personnages.

Un amour tragique

- Noter les expressions utilisées par Alceste pour désigner ou qualifier Célimène.
- Relever dans la tirade d'Alceste (v. 1747-1778) les termes exprimant l'impuissance.

Réflexion

Un dénouement original

- Expliquer le rôle joué par Arsinoé dans cette scène.
- Montrer en quoi ce dénouement n'est pas conventionnel.
- Interpréter la dernière réplique de Philinte (v. 1807-1808).

L'ambiguïté de Célimène

- Expliquer en quoi la lettre de Célimène manifeste son art d'écrire.
- Interpréter la confession de Célimène (v. 1737-1747).
- Commenter la dernière réplique de Célimène (v. 1774-1779) et le silence qui accompagne finalement sa sortie.

À retenir :

D'ordinaire, le dénouement d'une comédie rassemble tous les personnages et met en scène soit un mariage, soit la promesse d'une union. Ici, au contraire, se manifeste le fossé qui sépare les personnages les uns des autres. Loin de se réunir enfin, le couple formé par Alceste et Célimène voit sa rupture consommée. Le seul mariage sera en définitive celui de Philinte et d'Éliante, mais il ne suffit pas à contrebalancer l'impression d'échec et de tristesse qui parcourt ce dénouement aux résonances élégiaques, sinon tragiques.

Synthèse Acte V

De la cour au désert

Personnages

Un éclatement de la communauté

La duplicité de Célimène est publiquement révélée. Celle-ci refuse pourtant de suivre Alceste dans sa retraite hors du monde : c'est la rupture.

Menacé par son procès et indigné par le refus de Célimène, Alceste annonce sa volonté de se retirer au « désert » et congédie durement Arsinoé, dont le triomphe n'est donc pas complet. Face à la défaite de Célimène, les petits marquis font preuve de leur médiocrité et de leur cynisme. Éliante et Philinte annoncent leur intention de s'épouser.

Langage

Les points communs des deux rivaux

Comme dans la scène du sonnet (I, 2), le dialogue d'Alceste et d'Oronte dans les scènes 2 et 3 de l'acte V est notamment marqué par la stichomythie. Mais ce qui pourrait être interprété comme un simple affrontement verbal révèle en réalité que les deux rivaux partagent la même conception de l'amour : Oronte se met à parler comme Alceste et tous deux jugent Célimène avec une égale sévérité. Outre la profonde vérité qu'il révèle quant aux deux personnages, ce procédé aboutit également, par un effet d'ironie, à alléger quelque peu la tension qui parcourt la scène.

Société

La tentation du désert

La retraite exerce au XVIIᵉ siècle une séduction certaine sur de nombreux aristocrates, lassés du monde impitoyable de la cour et choisissant de finir leur vie ou de s'isoler épisodiquement dans la propriété qu'ils possèdent à la campagne : c'est ainsi que Madame de Sévigné a par exemple l'habitude de se retirer en Bretagne, au château des Rochers.

Gouache de Fesch et Whirsker, XVIIIe.

POUR
APPROFONDIR

Genre, action, personnages

Genre et registres

Une comédie sérieuse respectant la règle des trois unités

Le Misanthrope (1666) compte parmi les quelques « comédies sérieuses » ou « grandes comédies » de Molière. Au même titre que *Les Femmes savantes* (1672), quelques années plus tard, la pièce se compose effectivement de cinq actes presque entièrement rédigés en alexandrins. Elle accorde en outre une place prépondérante aux débats d'idées, fait la part belle aux tirades et se conforme enfin rigoureusement aux exigences des trois unités.

La règle de l'unité d'action est strictement observée. Le critique Donneau de Visé, contemporain de Molière, l'a souligné dès la création de la pièce : « Molière n'a point voulu faire une comédie pleine d'incidents. » De fait, l'intrigue du *Misanthrope* confine à une épure toute racinienne. En sa saisissante simplicité, le résumé qu'en a proposé Louis Jouvet en est le témoignage exemplaire : « C'est la comédie d'un homme qui veut avoir un entretien décisif avec une femme qu'il aime, et qui au bout de la journée n'y est pas parvenu. »

Comme le suggère du reste la phrase de Jouvet, Molière s'est efforcé dans sa pièce de faire coïncider au mieux, c'est-à-dire de la manière la plus vraisemblable possible, le temps vécu par les personnages de sa comédie et le temps vécu par les spectateurs au moment même de la représentation. Disséminés tout au long du *Misanthrope*, divers indices textuels témoignent ainsi, discrètement mais sûrement, de l'attachement du dramaturge à manifester son respect de l'unité de temps. Par exemple, l'allusion au « levé » du roi dont Clitandre prétend revenir (v. 567), après « une heure » passée au « grand soleil » (v. 578), permet de situer l'acte II en fin de matinée, voire en début d'après-midi. L'acte précédent n'a pu se dérouler que quelques heures auparavant, comme le montre l'indication suivante : « Oronte et lui se sont *tantôt* bravés » (v. 755), c'est-à-dire en début ou en milieu de matinée. Au moment de l'acte V, de la même manière, sans doute la nuit n'est-elle pas loin de tomber : à la fin de l'acte IV, en effet, Alceste priait Célimène de l'autoriser à la revoir « avant la fin du jour » (v. 1480), ce qui, d'un point de vue dramaturgique, revenait très clairement à promettre au spectateur une action concentrée sur douze heures environ.

L'unité de lieu, quant à elle, est assurée par le salon de Célimène, vraisemblablement situé au premier étage de son hôtel particulier. C'est dans cet espace resserré que se croisent et s'affrontent les différents personnages de la pièce, la plupart d'entre eux n'en sortant que vaincus, humiliés, ou pour mourir au monde, comme dans les tragédies les plus noires de Racine – et non pour se marier ou pour fêter leur réconciliation, comme dans les dénouements des comédies traditionnelles.

Des accents dramatiques et tragiques

Cette utilisation de l'espace scénique en témoigne : il y a bien des accents tragiques dans cette comédie que prétend être *Le Misanthrope*.

D'un point de vue sociologique, Du Bois excepté, on soulignera tout d'abord l'appartenance à la noblesse des différents protagonistes de la pièce ; or tel est normalement le rang réservé aux personnages d'une tragédie. Alceste, on le sait par Éliante, a « quelque chose en soi de noble et d'héroïque » (v. 1166), ce qui l'apparente aux héros cornéliens. Son esprit de sérieux et la résistance qu'il oppose à la plaisanterie (« Que la plaisanterie est de mauvaise grâce ! », v. 33 ; « Ah ! ne plaisantez point, il n'est pas temps de rire », v. 1286) révèlent un personnage des plus graves, profondément réticent à se laisser enfermer dans la sphère de la comédie.

Genre, action, personnages

L'insistance du *Misanthrope* sur la pathologie d'Alceste et sur le motif médical des humeurs, en outre, semble privilégier un point de vue déterministe ressortissant naturellement à l'univers tragique. Le début de la pièce donne le sentiment que tous les jeux sont déjà faits. Dès la scène 1 de l'acte I, Alceste annonce à Philinte son intention « de fuir dans un désert l'approche des humains » (v. 144) et sa première rencontre avec Célimène le montre de la même manière amèrement résigné face à ce qu'il semble ne pouvoir envisager qu'en termes de fatalité : « je sens qu'il faudra que nous rompions ensemble » (v. 450).

Au demeurant, l'incompatibilité de nature qui éloigne les deux amants paraît pleinement légitimer ce fatalisme. En ne cessant d'évoquer son « astre » (v. 1294), sa « destinée » (v. 1417) ou le « fatal amour » (v. 1384) qu'il voue à Célimène, Alceste se donne assurément toutes les raisons de ne pas se remettre en cause. Pour autant, le principal obstacle à son union avec Célimène n'étant pas extérieur mais intérieur aux deux personnages, l'action prend en effet « un caractère de nécessité quasi absolue. Dans sa donnée initiale comme dans sa progression, elle devient la résultante inéluctable des caractères » (R. Jasinski).

C'est ainsi que, par un subtil retournement, le principal ressort comique de la pièce (un misanthrope amoureux d'une coquette médisante) contribue dans le même temps à mettre en œuvre un dispositif dramaturgique empruntant au mouvement inexorable de la tragédie, culminant à l'occasion sur quelques échanges pathétiques : ceux de la grande scène 3 de l'acte IV, notamment, où le malentendu sur lequel repose la relation d'Alceste et Célimène s'exprime soudain de la manière la plus poignante.

Les accents douloureux que prend dans cette occasion l'amour d'Alceste sont également ceux qu'empruntait l'amour jaloux

Genre, action, personnages

de Dom Garcie de Navarre, héros de la pièce éponyme (du même nom) écrite par Molière quelques années plus tôt, en 1661. Cette façon qu'a dès lors la tragi-comédie antérieure de trouer la surface supposée *comique* du *Misanthrope* témoigne clairement de l'instabilité générique de cette dernière pièce et des difficultés réelles que l'on éprouve à la circonscrire sans ambiguïté dans le genre de la comédie traditionnelle.

Un pathétique désamorcé par le rire

Pour autant, les inflexions dramatiques, voire tragiques, parfois revêtues par la pièce, n'empêchent pas qu'elle ait été conçue par Molière de manière à faire avant tout rire le spectateur.

En témoigne au premier chef l'art du contrepoint régulière-ment déployé dans *Le Misanthrope*, de manière à désamorcer l'émotion naturellement suscitée par les moments les plus pathétiques. Ainsi en va-t-il tout particulièrement dans l'enchaî-nement des deux dernières scènes de l'acte IV : à l'échange grave, tendu et bien souvent déchirant de la scène 3, succède sans transition la bouffonnerie jubilatoire d'un pur moment de farce, retrouvant le dispositif extrêmement classique du valet balourd confronté à son maître. L' « air effaré » de Dubois, son plaisant accoutrement, l'accablante sottise de ses réponses et l'exaspération montante d'un Alceste se répandant en impré-cations puis menaçant par deux fois d'en venir aux mains, tout concourt alors, suivant un canevas et des recettes éprouvés, à dissiper dans un éclat de rire l'ambiance pathétique distillée par le drame qui vient de se jouer.

On en conviendra du reste, si émouvants soient-ils en soi, les souffrances et l'amour malheureux d'Alceste s'exprimaient, dans la scène 3 de l'acte IV, d'une manière bien trop caricaturale pour ne pas mettre simultanément à nu la folie et, en dernière instance, le profond ridicule du personnage. La tirade des vers 1422-1432 est à ce titre exemplaire : pour Alceste, manifester à Célimène l' « amour extrême » qu'il lui voue, c'est lui confier son souhait de la voir « réduite en un sort misérable », sans aucune ressource et, de la sorte, dépendante de lui seul. « C'est me vouloir du bien d'une étrange manière ! », raille aussitôt Célimène, amusée par ces paradoxes intenables dans lesquels verse son amant. De fait, la passion d'Alceste est assurément sincère et touchante mais sa folie la rend surtout ridicule : la tentation du pathétique est dès lors désamorcée par le rire.

Un comique aux sources multiples

À ces fins, *Le Misanthrope* met en œuvre un comique des plus variés.

Comique de mots, tout d'abord, qu'il soit le fait de Philinte, rebondissant plaisamment sur une phrase d'Alceste (« Je m'irais, de regret, pendre tout à l'instant. / Je ne vois pas, pour moi, que le cas soit pendable », v. 28-29) ou qu'il soit le fait d'Alceste lui-même, renonçant un instant à son esprit de sérieux (« La peste de ta chute, empoisonneur au diable ! / En eusses-tu fait une à te casser le nez ! », v. 334-335).

Prêtent également à sourire ou à rire, dans *Le Misanthrope*, l'usage mordant de l'ironie par antiphrase régulièrement mis en œuvre par les personnages (« Je veux suivre, à mon tour, un exemple si doux », v. 919) ou l'exercice de cette parole plus généralement oblique dont Célimène et Arsinoé (les deux fameuses tirades en miroir, à la scène 4 de l'acte III) autant qu'Alceste lui-même (v. 342-343) se montrent si familiers.

Comique de répétition ensuite. Suivant un procédé très courant dans le théâtre de Molière, la même phrase se trouve plusieurs fois reprise à l'identique (« Je ne dis pas cela », v. 352, 358, 362), ou sa répétition est relayée par le jeu rebondissant de la synonymie (« je me flatte et m'aveugle », v. 827 ; « Je me flatte », v. 829 ; « Je m'aveugle », v. 830 ; « Je m'abuse, te dis-je », v. 831). Dans les deux cas, le dramaturge confère ainsi une raideur toute mécanique au vivant, conformément à la définition du comique qui sera proposée au XXᵉ siècle par Henri Bergson.

Cette rigidité participe aussi au comique de situation, car pour l'essentiel, le rire est alors déclenché par la difficulté des personnages à s'adapter aux circonstances. Donnant partout « la comédie » (v. 106), la constante raideur manifestée par Alceste s'impose à cet égard comme un des ressorts comiques le plus souvent actionnés par Molière – à l'occasion, par exemple, de la confrontation avec Oronte (I, 2) ou lors de l'exposition forcée aux médisances de Célimène entourée de sa cour (II, 4).

L'esthétique du ridicule

Ce comique de situation participe à l'évidence d'un comique de caractère plus profond, qui l'englobe tout en le dépassant. Par ce dernier, loin de toute caricature, Molière donne effectivement à rire en manifestant le ridicule *essentiel* des contradictions où sont enferrés, sans même s'en rendre compte, les personnages de sa pièce. C'est Alceste, clamant sa misanthropie et son refus des « grimaces », mais préférant une coquette médisante à la « sincère Éliante » (v. 215) ; Arsinoé, faisant profession de son zèle et de sa dévotion, mais se mettant « du blanc » (v. 942) ; Oronte, implorant qu'on lui parle « avec sincérité » (v. 340) mais s'indignant aussitôt qu'on le fasse.

En ce sens, au rebours du rôle traditionnellement alloué à la comédie, *Le Misanthrope*, comme le théâtre de Molière dans son ensemble, n'entend pas châtier les mœurs en les caricaturant de manière à les faire paraître risibles. Peignant plus simplement, mais aussi plus profondément, « d'après nature », il ne s'emploie qu'à « débusquer les travers risibles, naturellement risibles des uns, pour les jeter en pâture aux regards amusés des autres » (Patrick Dandrey, *Molière ou l'esthétique du ridicule*).

Genre, action, personnages

Action

▌Le misanthrope et les fâcheux

L'action générale du *Misanthrope* est d'une grande simplicité : Alceste, qui proclame son aversion pour tous les faux-semblants mondains, est amoureux de Célimène, une jeune veuve aussi spirituelle que mondaine avec laquelle il souhaiterait pouvoir s'expliquer en privé. Cependant, plusieurs fâcheux (Oronte, Acaste et Clitandre, Arsinoé, Dubois) ne cessent de retarder l'entrevue ardemment souhaitée, révélant ainsi insidieusement le caractère impossible de l'amour d'Alceste pour la coquette.

Molière avait déjà exploité le même ressort dramatique cinq ans plus tôt dans *Les Fâcheux* (1661) : alors même qu'ils essayaient d'établir un plan pour neutraliser Damis, farouchement opposé à leur mariage, Éraste et Orphise se trouvaient constamment dérangés dans leurs entretiens par toute une série de fâcheux plus hauts en couleur les uns que les autres.

▌Acte I

Dès la première scène du *Misanthrope* (I, 1), Alceste confie à son ami Philinte son intention d'obtenir un entretien privé avec Célimène, mais l'arrivée d'Oronte (I, 2) constitue le premier d'une longue série de contretemps. Oronte tient à obtenir l'avis d'Alceste sur le sonnet galant qu'il vient de composer. Alceste finit par déclarer le poème médiocre. Philinte s'efforce en vain d'apaiser Oronte, qui quitte la scène indigné.

▌Acte II

Lorsque commence l'acte II (II, 1), Alceste réussit à demander à Célimène un rendez-vous qui leur permettrait de « parl[er] à cœur ouvert » – mais, là encore, il est interrompu par l'arrivée de deux marquis, Acaste et Clitandre. En outre, à la fin de l'acte (II, 5 et 6), Alceste apprend qu'Oronte, blessé dans son honneur, l'a fait convoquer au tribunal pour le forcer à revenir sur son jugement. Il s'obstine toutefois à proclamer la médiocrité du sonnet.

Acte III

Amoureuse d'Alceste, la prude Arsinoé vient rapporter à Célimène, dont elle est jalouse, les différentes rumeurs courant à son sujet. Célimène réplique aussitôt par la même stratégie : énumérant à son tour les bruits désobligeants circulant sur Arsinoé, elle laisse cette dernière ulcérée (III, 4). C'est alors qu'Alceste, de retour chez Célimène, rencontre la dévote. Après avoir vainement tenté de le séduire, celle-ci lui propose de lui montrer la preuve de l'infidélité de Célimène (III, 5).

Acte IV

Alceste s'est réconcilié avec Oronte (IV, 1) mais après avoir vu la lettre que lui a montrée Arsinoé, il est désormais convaincu de la duplicité de Célimène (IV, 2), qu'il accable de reproches (IV, 3). Son valet surgit alors (IV, 4), pour lui annoncer qu'il pourrait être arrêté dans le cadre d'un autre procès, plus mystérieux et plus inquiétant.

Acte V

Ayant perdu son procès, Alceste décide de se retirer de la cour (V, 1). Quant à Célimène, sa duplicité finit par être confondue, la coquette en est réduite à s'excuser publiquement. Alceste lui propose alors de le suivre dans sa retraite, mais elle refuse : Alceste rompt donc avec elle et affirme sa volonté de rejoindre son désert, tandis que Philinte s'apprête à épouser Éliante (V, 4).

Personnages

Alceste et Célimène

Par sa misanthropie, c'est-à-dire par sa haine des hommes, Alceste est un personnage remarquablement complexe, à la fois ridicule incarnation d'un vice et désespéré sublime.

Genre, action, personnages

Homme intransigeant et « chagrin » (de caractère mélancolique), il semble nostalgique d'une époque révolue où il était possible de vivre en homme d'honneur. Cette « raideur » (v. 153) va chez lui de pair avec d'irrépressibles tentatives d'immobiliser autrui, toutes par nature vouées à échouer. Cependant, ses échecs successifs n'apparaissent pas seulement liés à « l'irrésistible mouvement des autres » : ils sont aussi dus à « une malchance purement théâtrale », l'arrivée fortuite de nouvelles ou de personnages le contraignant lui-même au mouvement (Jean Guicharnaud, *Molière, une aventure théâtrale*).

Jeune veuve, Célimène est libre de toute tutelle masculine, qu'elle soit paternelle ou maritale. Elle peut ainsi, contrairement à la plupart des héroïnes de comédie, mener sa vie – et en particulier sa vie amoureuse – comme bon lui semble. L'absence de notation précise concernant son statut social a pu amener certains critiques à interpréter son comportement séducteur et dominateur comme une tentative de revanche sociale. Il est en tout cas difficile de savoir si elle aime ou non Alceste, bien qu'elle le prétende (v. 503). Célimène semble avant tout préoccupée d'elle-même et de son pouvoir sur les autres. Elle apparaît comme l'unique pôle d'attraction de la pièce, que ce soit pour le personnage principal (Alceste) ou pour ses multiples soupirants qui semblent constamment l'entourer de leurs attentions ; elle est ainsi l'objet vers lequel tendent tous les personnages masculins (sauf Philinte). Son intelligence et sa forte personnalité lui permettent toutefois de choisir lors du dénouement la vie qui lui convient.

En raison de la complexité de leurs caractères, qui les rendent à la fois attachants et antipathiques, Alceste et Célimène forment donc un couple atypique de jeunes premiers de comédie.

Philinte et Éliante

Ami et confident d'Alceste, Philinte est également son rival : Éliante, dont il est amoureux, affirme être éprise d'Alceste, qui ira, dans un accès de rage contre Célimène, jusqu'à la demander en mariage (IV, 2). Néanmoins, l'amitié de Philinte pour Alceste et son amour pour Éliante vont jusqu'à l'abnégation, puisqu'il se montre disposé à s'incliner devant leur choix (IV, 1). Il incarne la sagesse modérée et remplit à ce titre la fonction du raisonneur, personnage récurrent dans le théâtre moliéresque, qui défend l'équilibre et la juste mesure.

Éliante apparaît comme le double féminin de Philinte, dont elle partage la vision du monde. Elle n'est qu'assez rarement présente sur scène, et presque toujours en lien avec un personnage masculin qui l'aime ou qu'elle aime (Philinte ou Alceste).

Plus que par Alceste et Célimène, le couple traditionnel des jeunes premiers est en définitive incarné par Philinte et Éliante, personnages sympathiques auxquels le spectateur est censé pouvoir s'identifier. Ils sont du reste les seuls à rester à l'écart des médisances de Célimène et de ses amis.

▌Arsinoé

Vieille femme hypocrite et faussement prude, elle apparaît comme le négatif d'Éliante, jeune femme véritablement vertueuse, mais ces différences n'empêchent pas les deux femmes d'être amoureuses du même homme. Arsinoé partage du reste avec Alceste une même revendication de sincérité (III, 4) mais cette prétendue franchise n'est pour elle qu'un moyen de médire et de transmettre les médisances. Arsinoé joue un rôle capital dans l'action, dans la mesure où son désir de vengeance la pousse à divulguer les preuves de la duplicité de Célimène et à précipiter ainsi la chute de celle-ci.

▌Oronte

Comme Alceste, Oronte est un ridicule, c'est-à-dire l'incarnation ridicule d'un vice : écrivain sans génie mais aux grandes prétentions, il ne cesse d'imposer aux autres sa vanité d'auteur. Pourtant, sans atteindre la complexité d'Alceste, il

Genre, action, personnages

ne se laisse pas non plus réduire à une caricature : Alceste lui-même, avec lequel il finit par se réconcilier, le considère comme « honnête homme » (v. 1144). Sur le plan dramatique, Oronte est à l'origine d'un des rebondissements de la pièce : le premier procès qui contraint Alceste à quitter la demeure de Célimène à la fin du deuxième acte.

Les petits marquis Acaste et Clitandre

Interchangeables, Acaste et Clitandre incarnent un autre ridicule : le petit marquis, courtisan servile de médiocre noblesse, obsédé par la mode et par son apparence. L'un et l'autre ne se définissent que comme les soupirants de Célimène et n'ont aucune influence décisive sur l'action : ils se contentent de représenter le *monde* superficiel gravitant autour de la coquette et d'amplifier, à la fin de la pièce, la défaite de celle-ci.

Du Bois

Peu développé et peu présent, Du Bois rappelle le valet de la farce, stupide et maladroit, personnage récurrent chez Molière, emblématique d'un comique truculent et visuel.

Basque et le garde

Basque et le garde se définissent avant tout par leur profession (qui trouve sa traduction dans leur langage) et par leur fonction dans l'économie de la pièce.

Les personnages représentés dans les portraits

De nombreux personnages absents sont soit simplement mentionnés, soit décrits plus ou moins longuement : ce sont en général des ridicules, souvent mis en scène dans d'autres pièces de Molière, dont les interlocuteurs détaillent sur scène les travers et les manies. N'intervenant pas dans l'action, ils n'ont aucune fonction dramatique propre, mais renvoient à la fois à la médiocrité du monde entourant Célimène et à la médisance de celle-ci.

L'œuvre : origines et prolongements

La figure de Timon

En CHOISISSANT DE METTRE EN SCÈNE UN MISAN-
THROPE, Molière pouvait s'appuyer sur un héritage
philosophique et littéraire d'une remarquable
richesse.

La RÉFLEXION SUR LA MISANTHROPIE s'est en
effet engagée dès l'Antiquité. Une des causes
en est sans doute l'inquiétude et la fascination
suscitées, dès son vivant, par la figure mons-
trueuse de Timon d'Athènes. Ayant vécu pendant
la guerre du Péloponnèse (431-404 avant Jésus-
Christ), ce personnage semi-légendaire s'était
rapidement acquis le surnom de Timon le Misanthrope, en
raison de sa haine féroce de l'humanité et de l'insistance qu'il
mettait à fuir la compagnie de celle-ci. La figure de cet homme
étrange connut très vite un important rayonnement. Parfois
célébrée, le plus souvent critiquée, elle marqua en tout état de
cause les consciences occidentales d'une empreinte profonde.
En témoignent, tout particulièrement, dès le IVᵉ siècle avant Jésus-
Christ, les moqueries d'Aristophane à l'égard de Timon dans *Les
Oiseaux* (414 avant Jésus-Christ) ; les sarcasmes de Lucien dans
Timon ou le Misanthrope au IIᵉ siècle avant Jésus-Christ ; ou, beaucoup plus tard, le portrait ambigu de Timon tracé par Shakes-
peare dans sa tragédie éponyme, *Timon d'Athènes* (1608).

Ces DIFFÉRENTS OUVRAGES inspirés par Timon n'ont, semble-
t-il, guère influencé l'écriture du *Misanthrope*. Cependant, si,
dans le corps de la pièce elle-même, Alceste ne se voit jamais
explicitement comparé à Timon, le parallèle de l'un à l'autre
n'en est pas moins souvent suggéré par Molière. Ainsi, à en
croire Plutarque (*Vie d'Antoine*), Timon apparaissait par exemple comme l'« ennemi du genre humain » et invitait les Athé-
niens à venir se pendre aux branches de son figuier ; l'Alceste

du *Misanthrope*, quant à lui, refuse d'être « l'ami du genre humain » (v. 64), et qualifie de « pendable » l'hypocrisie des gens de cour (v. 27-29) ou le seul fait d'écrire de mauvais vers (v. 772) : deux échos trop sensibles et trop insistants, sans doute, pour n'être que le fruit d'une coïncidence.

Un héritage philosophique antique ?

PROBABLEMENT INTERPELLÉS par la figure de Timon, les philosophes antiques se sont également très tôt penchés sur les différentes questions suscitées par la conduite de celui-ci.

SI RICHE QUE SOIT CET HÉRITAGE philosophique antique, il ne semble pourtant pas qu'il ait influencé en profondeur la rédaction du *Misanthrope*. Ainsi, Molière retient essentiellement d'Aristote l'idée, fort commune au XVIIᵉ siècle, que « la parfaite raison fuit toute extrémité » (v. 151) : cette position philosophique, significativement placée dans la bouche de Philinte, est alors partagée par tous les honnêtes gens à son image et n'implique pas forcément une connaissance approfondie de l'œuvre d'Aristote.

DE LA MÊME MANIÈRE, si flagrant soit-il, l'emprunt à Lucrèce (*De Natura rerum*, livre IV) de la fameuse tirade d'Éliante sur les défauts de la personne aimée (v. 711-730) peut difficilement être tenu pour une marque d'allégeance absolument claire à la philosophie épicurienne. Certes, on sait que Molière avait eu l'occasion de fréquenter dans sa jeunesse divers représentants de l'épicurisme au XVIIᵉ siècle, et l'on croit même pouvoir affirmer qu'il avait alors conçu le projet de traduire Lucrèce ; mais l'extrait du *De Natura rerum* ici placé dans la bouche d'Éliante n'est guère représentatif de l'épicurisme dans son ensemble : nulle trace d'atomisme, nulle référence à la pluralité des mondes, aucune allusion aux simulacres. Empruntée à l'ouvrage de Lucrèce, le plus éminent disciple d'Épicure, la tirade d'Éliante n'a cependant rien de véritablement épicurien.

L'œuvre : origines et prolongements

Le Misanthrope à la lumière de Hobbes

L'INFLUENCE DE LA PHILOSOPHIE POLITIQUE de Thomas Hobbes, dont Molière est le contemporain, semble bien plus nette et bien plus affirmée dans *Le Misanthrope*. En faisant dire à Alceste que les hommes vivent « en vrais loups » (v. 1523), en effet, le dramaturge marque très clairement l'adhésion de son personnage à la formule la plus célèbre du philosophe anglais : « l'homme est un loup pour l'homme ». Il est toutefois révélateur qu'Alceste trahisse ici quelque peu ses sources. Pour Hobbes, en effet, la guerre de tous contre tous ne s'exerce que dans l'état de nature. Pour Alceste, en revanche, il semble qu'elle soit également à l'œuvre dans la société civile, ce qui justifie pleinement sa misanthropie : à ses yeux, les règles de sociabilité ne sont jamais qu'un leurre et, en dépit des apparences, elles n'empêchent donc pas la cour d'être « ce coupe-gorge » (v. 1522) que le monde a toujours été.

La vie et l'œuvre de Molière, premières sources du Misanthrope

LA PIÈCE PORTE, somme toute, peu de traces de cet héritage littéraire et philosophique. En revanche, l'importance revêtue par la vie et par l'œuvre de Molière dans l'élaboration du *Misanthrope* est extrême. Il semblerait en effet que le premier acte de l'œuvre se soit trouvé mis en chantier dès 1664, alors même que s'engageait la bataille du *Tartuffe*. Il n'est donc pas exclu que les grandes difficultés personnelles dans lesquelles se trouvait alors le dramaturge, non seulement mis en difficulté par la Compagnie du Saint-Sacrement, mais encore jalousé par ses pairs et régulièrement trompé par son épouse, aient grandement déteint sur l'humeur plutôt sombre de l'œuvre en gestation.

PLUS PROFONDE ENCORE paraît pourtant l'influence de l'œuvre de Molière elle-même dans l'écriture du *Misanthrope*. On

L'œuvre : origines et prolongements

pourra ainsi relever de multiples correspondances entre la comédie sérieuse de 1666 et l'ensemble de la production antérieure du dramaturge. Le couple Alceste-Philinte trouve par exemple divers échos dans *L'École des maris* (1661) – pièce à laquelle Molière fait explicitement et malicieusement référence dans la première scène du *Misanthrope* –, *L'École des femmes* (1662) et le *Tartuffe* (1664). Les marquis Acaste et Clitandre semblent tout droit sortir des *Précieuses ridicules* (1659). La tyrannie d'Alceste envers Célimène rappelle celle d'Arnolphe envers Agnès dans *L'École des femmes*. Arsinoé elle-même n'est pas sans évoquer l'inquiétant Tartuffe. Quant au thème de l'entrevue retardée par divers contretemps, il constituait déjà l'ossature des *Fâcheux* (1661).

Surtout, façonnant le personnage d'Alceste, Molière semble s'être tout particulièrement souvenu du Sganarelle du *Cocu imaginaire* (1661) en même temps que du Dom Garcie de Navarre de la pièce éponyme (1660). C'est ainsi que, en empruntant à la bouffonnerie gesticulante du premier ainsi qu'à la noblesse grand style du second, Molière a pu mettre au point un personnage mixte, aux accents à la fois tragiques et ridicules, et dont l'ambiguïté fait précisément toute la richesse.

Quelle suite donner au Misanthrope ?

Outre la complexité du personnage d'Alceste, sur laquelle critiques et dramaturges ne cesseront plus de se pencher, *Le Misanthrope* présentait une autre particularité remarquable : son absence de dénouement, ou plus exactement, la fin ouverte que lui avait réservée Molière. Loin de ces comédies où tout finit, sinon par des chansons, du moins par des mariages, *Le Misanthrope* de 1666 s'achève en queue-de-poisson : Célimène refuse de suivre Alceste dans son désert, ce dernier fait mine de s'y retirer, Éliante et Philinte se proposent aussitôt d'aller le raisonner. Le rideau tombe donc sur une scène vide, sans que le spectateur puisse vraiment savoir à quoi s'en tenir quant à l'avenir immédiat des personnages.

S'EFFORÇANT DE REMÉDIER À CETTE FRUSTRATION, Marmontel a proposé, à près d'un siècle d'intervalle, une suite au *Misanthrope* : *Le Misanthrope corrigé* (1765). Dans ce récit, le lecteur retrouve Alceste dans son désert campagnard, en la paisible compagnie de paysans heureux et de la fille du seigneur local, Ursule, dont il finit par tomber amoureux. Cet amour l'engage alors à se corriger et à réviser la vision si sévère qu'il avait auparavant du monde : c'est ainsi que le misanthrope de Marmontel est enfin ramené « au monde et à lui-même », c'est-à-dire à cet « homme vertueux », à ce « citoyen utile », qui, sans l'amour d'Ursule, « eût été perdu ». Comme en témoignent cependant ces dernières citations du *Misanthrope corrigé*, l'intérêt d'une telle continuation ne consistait pas seulement en la fin, somme toute contingente, dont elle dotait la pièce de Molière : prolongeant l'œuvre du dramaturge, Marmontel en profitait surtout pour présenter la misanthropie d'Alceste comme « un excès de vertu » et pour revenir ainsi sur l'interprétation du personnage prévalant jusqu'alors.

Sagesse et folie

DÈS LA SORTIE DE LA PIÈCE, en effet, Donneau de Visé avait contribué à imposer et à figer durablement l'image d'Alceste. Sa *Lettre sur la comédie du Misanthrope* (1667) définissait ainsi le personnage de l'atrabilaire amoureux par opposition à celui de Philinte, de la même manière que le fou se définit par rapport au sage. Convenant d'un côté que « le Misanthrope, malgré sa folie [...] a le caractère d'un honnête homme », Donneau de Visé soulignait de l'autre que la « sagesse » de Philinte mettait en valeur le « ridicule » d'Alceste, tout en étant, à son tour, mise en évidence par ce même ridicule. De la sorte, Philinte apparaissait à ses contemporains « si raisonnable que tout le monde devrait l'imiter », tandis qu'Alceste, quant à lui, ne

L'œuvre : origines et prolongements

pouvait qu' « inspirer à tous ses semblables le désir de se corriger » : *ridendo castigat mores* – la comédie corrige les mœurs
en recourant au rire.

Alceste, ou le scandale de la vertu tournée en ridicule

O R LE XVIII ͤ SIÈCLE remet progressivement en cause une telle
vision des personnages. Fénelon le premier, dans sa *Lettre à
l'Académie* (1716), reproche à Molière d'avoir « donné un tour
gracieux au vice et une austérité ridicule et odieuse à la
vertu » : selon toute vraisemblance, c'était ici la « sagesse »
supposée de Philinte et l'apparente « folie » d'Alceste qui se
trouvaient implicitement visées et remises en question par
l'auteur.

A LLANT PLUS LOIN QUE FÉNELON dans cette direction, Rousseau se montre bien plus explicite. L'Alceste de Molière, souligne-
t-il dans sa *Lettre à d'Alembert* de 1758, a sans doute toutes les
apparences du ridicule ; pour autant, il n'en est pas moins « un
homme droit, sincère, estimable », en un mot, « un véritable
homme de bien » pour lequel on éprouve spontanément « un
respect [...] dont on ne peut se défendre ». Philinte, de la
même manière, est sans doute, du point de vue de Molière,
« le sage de la pièce » ; et cependant, poursuit Rousseau, il n'en
est pas moins « un de ces honnêtes gens du grand monde dont
les maximes ressemblent beaucoup à celles des fripons ».
Entre Alceste et Philinte, du reste, le véritable misanthrope
n'est pas nécessairement qui l'on croit : de fait, Alceste n'est
pas ennemi des hommes, mais seulement « de la méchanceté
des uns et du support que cette méchanceté trouve dans les
autres ». Or « il n'y a pas un homme de bien qui ne soit misanthrope en ce sens ; ou plutôt les vrais misanthropes sont ceux
qui ne pensent pas ainsi ; car, au fond », conclut Rousseau avec
Philinte en ligne de mire, « je ne connais point de plus grand
ennemi des hommes que l'ami de tout le monde, qui, toujours

L'œuvre : origines et prolongements

charmé de tout, encourage incessamment les méchants, et flatte par sa coupable complaisance, les vices d'où naissent tous les désordres de la société ». Aussi « le faux bien » prêché par Molière à travers Philinte devrait-il finalement paraître au spectateur « plus dangereux que le mal même, en ce qu'il séduit par une apparence de raison ; en ce qu'il fait préférer l'usage et les maximes du monde à l'exacte probité ; en ce qu'il fait consister la sagesse dans un certain milieu entre le vice et la vertu ; en ce qu'au grand soulagement des spectateurs, il leur persuade que pour être honnête homme, il suffit de n'être pas un franc scélérat ».

Réécritures et interprétations socio-politiques du Misanthrope

Se plaçant ouvertement dans la ligne de Rousseau, Fabre d'Églantine – l'auteur notamment de *Il pleut, il pleut bergère* – propose une réécriture du *Misanthrope* tenant clairement compte des reproches d'immoralité adressés à Molière. Publiée en 1788, sa pièce, *Le Philinte de Molière ou la suite du Misanthrope*, est créée, deux ans plus tard, le 22 février 1790, en pleine période révolutionnaire. À la différence de ce que l'on pouvait observer dans la comédie originale, la vertu n'est plus ridiculisée en la personne d'Alceste : le tempérament colérique de ce dernier se voit en effet largement compensé par la remarquable générosité que lui prête Fabre d'Églantine. L' « excès d'insensibilité » de Philinte, en revanche, fait désormais l'objet d'une condamnation sans appel : c'est qu'à travers lui – esprit révolutionnaire oblige ! – se trouve à présent dénoncé l'égoïsme d'une noblesse incapable, du point de vue de l'auteur, de dépasser la considération de ses petits intérêts personnels.

L'intérêt et la pertinence d'une telle continuation politique du *Misanthrope* furent notamment suggérés par Stendhal. Selon lui, en effet, mais aussi bien selon les lecteurs et les spectateurs de son temps, la critique des mœurs exercée par Alceste

L'œuvre : origines et prolongements

engageait naturellement une critique radicale de la monarchie absolue, à laquelle Molière ne se serait finalement pas risqué. Comme l'écrit Stendhal, Alceste aurait dû « voir que tous ces maux qu'il ne peut endurer viennent du gouvernement monarchique, et tourner contre le tyran la haine que lui donnent les vices de ses contemporains » (*Journal*, 28 août 1804).

En définissant notamment Alceste comme un personnage en butte à l'ordre monarchique nouveau et ne cessant de défendre des valeurs héroïques d'un autre âge, la critique socio-historique du *Misanthrope* conduite à partir de la seconde moitié du xxᵉ siècle a manifesté à son tour les soubassements politiques de la pièce.

Continuations parodiques

Récupéré politiquement, le personnage d'Alceste devait logiquement finir par entreprendre de se réconcilier avec le monde. Telle est, sur un mode essentiellement comique, la tendance accusée par le petit nombre de réécritures parodiques du *Misanthrope* marquant la seconde moitié du xixᵉ siècle – comme, par exemple, *Le Misanthrope et l'Auvergnat* (1852) d'Eugène Labiche, ou *Le Mariage d'Alceste* (1874) de Charles Joliet.

Parmi ces quelques œuvres le plus souvent mineures, *La Conversion d'Alceste* (1905) de Georges Courteline se distingue tout particulièrement par sa finesse et par sa drôlerie. Courteline y présente un Alceste dorénavant marié avec Célimène, apparemment pacifié et bien décidé à se plier aux usages du monde, ainsi qu'il s'en confie à Philinte : « J'ai gardé le remords et suis mal satisfait / D'avoir gourmé des gens qui ne m'avaient rien fait. » Surgit alors Oronte. L'atrabilaire d'autrefois lui fait aussitôt mille politesses et, sans en penser le moindre mot, le complimente très chaleureusement pour son nouveau sonnet, tout en détournant avec bonheur diverses répliques du *Misanthrope* (« Franchement, il est bon à mettre au cabinet

L'œuvre : origines et prolongements

/ De lecture ») et des *Femmes savantes* (« Ah permettez, de grâce, / Que pour "présagieux", monsieur, on vous embrasse »). En dernière instance, les efforts déployés par Alceste sont pourtant loin d'être récompensés : Célimène et Philinte s'accordent pour préférer le misanthrope d'autrefois à l'honnête homme d'aujourd'hui et, suscitant sa colère autant que son dégoût, réveillent par là même en lui l'amère tentation du désert.

Alceste et Célimène vingt ans après

CRÉÉE AVEC LE PLUS GRAND SUCCÈS EN 1992, *Célimène et le cardinal*, pièce en alexandrins signée par Jacques Rampal, s'impose enfin comme la continuation la plus récente du *Misanthrope*. Sur un ton où la cocasserie le dispute à l'émotion, l'auteur y confronte Alceste à Célimène vingt ans après le moment où s'achevait la pièce de Molière, les deux personnages ne s'étant pas revus depuis. Célimène est désormais remariée et mère de quatre enfants ; Alceste, quant à lui, devenu cardinal, dispose à présent d'un pouvoir politique des plus considérables, et prétend ne venir que pour sauver l'âme de Célimène. Confondant la tartufferie d'un Alceste profondément aveuglé par son amour-propre, la Célimène de Rampal opposera, aux airs de jansénisme affectés par le cardinal, l'ironie cinglante d'une féministe avant l'heure, annonçant par ailleurs à plus d'un titre le siècle des Lumières.

L'œuvre et ses représentations

Créé le 4 juin 1666 au théâtre du Palais-Royal, *Le Misanthrope* est représenté 63 fois du vivant de Molière. La pièce entre ensuite le 27 août 1680 au répertoire de la Comédie-Française, qui l'a depuis jouée plus de 2 300 fois, avec une fréquence croissante au cours des siècles.

La mise en scène originelle

La mise en scène proposée par Molière était, semble-t-il, des plus dépouillées, comme en témoignent les notes laissées par le décorateur Michel Laurent : « Théâtre est une chambre. Il faut six chaises, trois lettres, des bottes. »

Grâce à l'inventaire après décès des biens de Molière, on sait par ailleurs de quoi se composait le costume d'Alceste : « haut-de-chausses et justaucorps de brocart rayé or et soie gris, doublé de tabis, garni de ruban vert », « veste de brocart d'or », « bas de soie et jarretières ». La tenue se voulait ainsi élégante, tout en témoignant d'un certain goût pour la simplicité.

Quant à l'interprétation que Molière proposait d'Alceste, il semble enfin qu'elle ait été marquée par son ambivalence et destinée à susciter tout à la fois le rire et l'émotion. En effet, si le jeu de Molière tendait par son outrance à classer Alceste dans la lignée des Sganarelle, le talent comique déployé par le comédien n'entamait nullement, à en croire les témoignages contemporains, la finesse psychologique du personnage qu'il incarnait. Soulignant par exemple que « les chagrins, les dépits, les bizarreries et les emportements » du misanthrope en font un caractère parmi les « plus brillants qu'on puisse produire sur la scène », Donneau de Visé note en outre qu'Alceste fait « rire les honnêtes gens » mais dit « des choses fort justes » et se montre de la sorte « plaisant sans être ridicule » : indice de ce comique naturel et subtil que Molière avait sans doute réussi à ménager dans son jeu d'acteur.

Premières ruptures

Baron, l'acteur qui reprend le rôle d'Alceste à la mort de Molière, fait évoluer durablement la perception du personnage : moins bizarre, moins drôle, mais plus digne et plus homme du monde.

Une rupture significative est marquée en ce sens par François-René Molé, qui reprend le rôle de 1778 à 1803 : après cent ans d'Alceste policés, réservant aux spectateurs de la pièce bien moins d'émotions fortes qu'un plaisir tout intellectuel, l'acteur impose à son public un misanthrope rageur, forcené, brisant son siège dès son entrée en scène, tout à la violence de son caractère emporté.

Alceste à l'heure du romantisme

Vient ensuite une période creuse dans l'histoire de la représentation scénique du *Misanthrope*, et dans l'engouement même suscité par la pièce. En témoigne tout particulièrement *Une Soirée perdue*, poème d'Alfred de Musset publié en août 1840 dans la *Revue des Deux mondes* : « J'étais seul, l'autre soir, au Théâtre-Français, / Ou presque seul ; l'auteur n'avait pas grand succès. / Ce n'était que Molière ».

C'est qu'un public goûtant essentiellement les plaisanteries faciles du vaudeville et les rebondissements en chaîne du mélodrame trouve de moins en moins d'attraits à la gravité et à l'intrigue épurée d'une pièce dont les mises en scène se font en outre de plus en plus routinières. Rendant compte d'un *Misanthrope* donné à Versailles au mois de juin 1837, François Guizot, alors ministre de l'Instruction publique, note par exemple : « La représentation elle-même fut médiocre et froide, par défaut de vérité encore plus que de talent ; les acteurs n'avaient aucun sentiment ni des mœurs générales du XVIIe siècle, ni du caractère simplement aristocratique des personnages, de leur esprit toujours franc, de leur langage toujours naturel au milieu des raffinements et des frivolités subtiles de leur vie mondaine. »

De fait, l'interprétation sombre et romantique généralement donnée de la pièce tout au long du XIXᵉ siècle fait dans l'ensemble bien peu de cas de la richesse et de l'ambivalence des personnages. Se mettant au diapason de l'époque, les metteurs en scène choisissent ainsi de cantonner Alceste dans le rôle, trop étroit pour lui, de l'amoureux blessé vibrant de douleur, ce qui les oblige parallèlement à enfermer Célimène dans le personnage, par trop sommaire, de la coquette frivole et manipulatrice.

Entre comique et pathétique

Il faut donc attendre le début du XXᵉ siècle et la mise en scène de Jacques Copeau au théâtre du Vieux-Colombier, en 1922, pour que la façon de monter et de comprendre la pièce connaisse une véritable évolution. En s'employant à présenter *Le Misanthrope* comme une « tragédie qui fait rire », Copeau s'efforce en effet de rétablir ce subtil équilibre entre comique et pathétique, que maintes générations de metteurs en scène semblaient avoir perdu de vue. Louis Jouvet campe à cette occasion un Alceste ambigu, tout à la fois digne et grotesque, honnête homme et ridicule. Il ouvre ainsi une voie féconde, notamment prolongée, avec le plus grand succès, par Pierre Dux (Comédie-Française, 1947).

Relectures contemporaines

Plus sensible à la dimension tragique de la pièce, la deuxième moitié du XXᵉ siècle, enfin, apparaît comme celle de toutes les audaces. Décors 1900 décalés à dessein, de manière à suggérer l'irrésistible déclin d'une société en fin de course (Maurice Sarrazin, 1966) ; acteurs adoptant délibérément un jeu excessif et outré afin de mettre à nu la violence de leurs personnages (Jean-Luc Boutté et Catherine Hiégel, 1975) ; spectaculaire lenteur du jeu et glaçant dépouillement des décors, confrontant l'un et l'autre les divers personnages de la pièce au vide profond qui les habite (Jean-Pierre Vincent, 1977) ; déplacement du salon de Célimène dans un asile psychiatrique, valant probablement dénonciation du rapport de l'âge classique au monde de la folie (Jean-Pierre Dougnac, 1976)... Avec un bonheur très divers, les metteurs en scène s'entendent alors pour rompre à tout prix avec la tradition et proposer une interprétation profondément renouvelée du *Misanthrope*.

Globalement plus sages, les réalisations les plus récentes n'en brillent pas moins, à l'occasion, par leur très remarquable pertinence. Outre l'Alceste, intense et secret, incarné par Gérard Desarthes (Maison de la Culture de Bobigny, 1985) et l'hilarant Oronte campé par Robert Hirsch (Théâtre de Marigny, 1992), on retiendra tout particulièrement la mise en scène proposée en 1988 par Antoine Vitez au Théâtre de Chaillot. Qualifiée de « racinienne » par le critique Guy Dumur (*Le Nouvel Observateur*, 19-25 février 1988), cette réalisation privilégiait une interprétation tragique du *Misanthrope* que venait souligner le sombre décor en perspective composé par Yannis Kokos : un long couloir obscur d'où jaillissaient les personnages, avant de s'y engouffrer et d'y disparaître à nouveau.

Marie Bell et Aimé Clariond dans *Le Misanthrope*.
Mise en scène de Pierre Dux, Comédie-Française, 1947.

Acaste, Éliante, Célimène, Clitandre et Alceste.
Le Misanthrope, mise en scène de Jean-Pierre Vincent,
Nanterre, 1978.

Dominique Blanc (Célimène) et Patrice Kerbrat (Alceste)
dans *Le Misanthrope*. Mise en scène de Antoine Vitez,
Théâtre de Chaillot, 1988.

Robert Hirsch est Oronte dans *Le Misanthrope*,
au Théâtre de Marigny, en 1992.

L'œuvre à l'examen

À l' **écrit**

SUJET 1

Objet d'étude : le théâtre, texte et représentation.

TEXTE 1

Molière,
Les Précieuses ridicules, scène IX.

Mascarille présente un de ses nouveaux impromptus à Cathos et Magdelon, deux précieuses ridicules.

MASCARILLE
Il faut que je vous die un impromptu que je fis hier chez une duchesse de mes amies que je fus visiter ; car je suis diablement fort sur les impromptus.

CATHOS
L'impromptu est justement la pierre de touche de l'esprit.

MASCARILLE
Écoutez donc.

MAGDELON
Nous y sommes de toutes nos oreilles.

MASCARILLE
Oh ! oh ! je n'y prenais pas garde :
Tandis que, sans songer à mal, je vous regarde,
Votre œil en tapinois me dérobe mon cœur.
Au voleur ! au voleur ! au voleur ! au voleur !

CATHOS
Ah ! mon Dieu ! Voilà qui est poussé dans le dernier galant.

MASCARILLE
Tout ce que je fais a l'air cavalier ; cela ne sent point le pédant.

MAGDELON
Il en est éloigné de plus de deux mille lieues.

L'œuvre à l'examen

MASCARILLE
Avez-vous remarqué ce commencement : *Oh ! oh* ? Voilà qui est extraordinaire : *oh ! oh !* Comme un homme qui s'avise tout d'un coup, *oh ! oh !* La surprise : *oh ! oh !*

MAGDELON
Oui, je trouve ce *oh ! oh !* admirable.

MASCARILLE
Il semble que cela ne soit rien.

CATHOS
Ah ! mon Dieu, que dites-vous ? Ce sont là de ces sortes de choses qui ne se peuvent payer.

MAGDELON
Sans doute ; et j'aimerais mieux avoir fait ce *oh ! oh !* qu'un poème épique.

MASCARILLE
Tudieu ! vous avez le goût bon.

MAGDELON
Eh ! je ne l'ai pas tout à fait mauvais.

MASCARILLE
Mais n'admirez-vous pas aussi *je n'y prenais pas garde ? Je n'y prenais pas garde*, je ne m'apercevais pas de cela ; façon de parler naturelle, *je n'y prenais pas garde. Tandis que, sans songer à mal*, tandis qu'innocemment, sans malice, comme un pauvre mouton, *je vous regarde*, c'est-à-dire je m'amuse à vous considérer, je vous observe, je vous contemple ; *votre œil en tapinois...* Que vous semble, de ce mot *tapinois* ? N'est-il pas bien choisi ?

CATHOS
Tout à fait bien.

MASCARILLE
Tapinois, en cachette ; il semble que ce soit un chat qui vienne de prendre une souris, *tapinois !*

MAGDELON
Il ne se peut rien de mieux.

L'œuvre à l'examen

MASCARILLE

Me dérobe mon cœur, me l'emporte, me le ravit. *Au voleur ! au voleur ! au voleur ! au voleur !* Ne diriez-vous pas que c'est un homme qui crie et court après un voleur pour le faire arrêter ? *Au voleur ! au voleur ! au voleur ! au voleur !*

TEXTE 2

Molière,
Le Misanthrope, acte I, scène 2, v. 305-338.

Oronte demande à Alceste son avis le plus sincère sur un sonnet qu'il vient tout juste d'écrire.

TEXTE 3

Molière,
Les Femmes savantes, acte III, scène 2,
v. 760-803.

Trissotin lit à Bélise, Armande et Philaminte un sonnet dont il vient d'« accoucher », selon ses propres dires, dans la cour de Philaminte.

TRISSOTIN
SONNET À LA PRINCESSE URANIE SUR SA FIÈVRE
Votre prudence est endormie,
De traiter magnifiquement
Et de loger superbement
Votre plus cruelle ennemie.

BÉLISE
Ah ! le joli début !

ARMANDE
Qu'il a le tour galant !

PHILAMINTE
Lui seul des vers aisés possède le talent !

L'œuvre à l'examen

ARMANDE

À *prudence endormie* il faut rendre les armes.

BÉLISE

Loger son ennemie est pour moi plein de charmes.

PHILAMINTE

J'aime *superbement* et *magnifiquement* ;
Ces deux adverbes joints font admirablement.

BÉLISE

Prêtons l'oreille au reste.

TRISSOTIN

Votre prudence est endormie,
De traiter magnifiquement
Et de loger superbement
Votre plus cruelle ennemie.

ARMANDE

Prudence endormie !

BÉLISE

Loger son ennemie !

PHILAMINTE

Superbement et *magnifiquement* !

TRISSOTIN

Faites-la sortir, quoi qu'on die,
De votre riche appartement,
Où cette ingrate insolemment
Attaque votre belle vie.

BÉLISE

Ah ! tout doux, laissez-moi, de grâce, respirer.

ARMANDE

Donnez-nous, s'il vous plaît, le loisir d'admirer.

L'œuvre à l'examen

PHILAMINTE

On se sent, à ces vers, jusques au fond de l'âme,
Couler je ne sais quoi qui fait que l'on se pâme.

ARMANDE

Faites-la sortir, quoi qu'on die,
De votre riche appartement,
Que *riche appartement* est là joliment dit !
Et que la métaphore est mise avec esprit !

PHILAMINTE

Faites-la sortir, quoi qu'on die,
Ah ! que ce *quoi qu'on die* est d'un goût admirable !
C'est, à mon sentiment, un endroit impayable.

ARMANDE

De *quoi qu'on die* aussi mon cœur est amoureux.

BÉLISE

Je suis de votre avis, *quoi qu'on die* est heureux.

ARMANDE

Je voudrais l'avoir fait.

BÉLISE

Il vaut toute une pièce.

PHILAMINTE

Mais en comprend-on bien comme moi la finesse ?

ARMANDE ET BÉLISE

Oh, oh !

PHILAMINTE

Faites-la sortir quoi qu'on die.
Que de la fièvre, on prenne ici les intérêts ;
N'ayez aucun égard, moquez-vous des caquets.
Faites-la sortir, quoi qu'on die.
Quoi qu'on die, quoi qu'on die.
Ce *quoi qu'on die* en dit beaucoup plus qu'il ne semble.
Je ne sais pas, pour moi, si chacun me ressemble ;
Mais j'entends là-dessous un million de mots.

L'œuvre à l'examen

BÉLISE
Il est vrai qu'il dit plus de choses qu'il n'est gros.

PHILAMINTE, *à Trissotin*
Mais quand vous avez fait ce charmant *quoi qu'on die*,
Avez-vous compris, vous, toute son énergie ?
Songiez-vous bien vous-même à tout ce qu'il nous dit,
Et pensiez-vous alors y mettre tant d'esprit ?

TRISSOTIN
Hay, hay !

ARMANDE
J'ai fort aussi l'*ingrate* dans la tête :
Cette ingrate fièvre, injuste, malhonnête,
Qui traite mal les gens qui la logent chez eux.

PHILAMINTE
Enfin les quatrains sont admirables tous deux.
Venons-en promptement aux tiercets, je vous prie.

ARMANDE
Ah ! s'il vous plaît, encore une fois *quoi qu'on die.*

TRISSOTIN
Faites-la sortir, quoi qu'on die,

PHILAMINTE, ARMANDE ET BÉLISE
Quoi qu'on die !

TEXTE 4

Georges Courteline,
La Conversion d'Alceste.

*Réconcilié avec le monde, Alceste a présenté ses excuses à Oronte,
qui s'empresse de lui lire son tout dernier sonnet.*

ORONTE
Il annonce :
« Sonnet composé à la gloire de deux jeunes yeux, amoureux,
dans lesquels le poète, attaché à louanger comme il faut, à célé-

brer comme il convient, leur feu, leur mouvement, leur couleur, leur éclat, renonce à trouver, même dans le domaine du chimérique, une image digne de leur être opposée. »

Il lit :

« Ce ne sont pas des yeux, ce sont plutôt des dieux
Ayant dessus les rois la puissance absolue,
Des dieux ?... Des cieux plutôt, par leur couleur de nue
Et leur mouvement prompt comme celui des cieux...

Des cieux ?... Non !... Deux soleils nous offusquant la vue
De leurs rayons brillants clairement radieux !...
Soleils ? Non !... mais éclairs de puissance inconnue,
Des foudres de l'amour, signes présagieux...

Car s'ils étaient des dieux, feraient-ils tant de mal ?
Si des cieux, ils auraient leur mouvement égal !
Des soleils ?... Ne se peut ! Le soleil est unique.

Des éclairs, alors ?... Non... car ces yeux sont trop clairs !
Toutefois, je les nomme, afin que tout s'explique :
Des yeux, des dieux, des cieux, des soleils, des éclairs ! »

PHILINTE
C'est grand comme la mer.

ALCESTE, *à part*
Et bête comme une oie !
Mais de ce malheureux, pourquoi gâcher la joie ?...
Qu'il soit grotesque en paix !

ORONTE
Eh bien, sur mon sonnet ?

ALCESTE
Franchement, il est bon à mettre au cabinet
De lecture.

L'œuvre à l'examen

ORONTE, *ivre d'orgueil*
Non ?

ALCESTE
Si !

ORONTE
Cela vous plaît à dire.
Humblement :
Sans doute il a charmé tous ceux qui l'ont pu lire.
Mais...

ALCESTE
Je suis du parti de tous ceux qui l'ont lu,
Et le ciel m'est témoin que le sonnet m'a plu.

PHILINTE
La langue en est hardie, et franche, et décidée !

ALCESTE
L'idée avec bonheur y succède à l'idée.

PHILINTE
Il est plein d'un aimable et tendre sentiment.

ALCESTE
J'en aime fort la fin... et le commencement.

PHILINTE
Puis, la rime au bon sens s'adapte et s'associe.

ALCESTE
C'est une qualité qu'il faut qu'on apprécie.

PHILINTE
Il est assurément meilleur que le premier.

ALCESTE
Par l'agrément, surtout, de son ton familier.

L'œuvre à l'examen

PHILINTE
Et ce *présagieux* !…

ALCESTE
Ah ! permettez, de grâce,
Que pour *présagieux*, monsieur, on vous embrasse !
Les deux hommes s'embrassent.

SUJET

a. Question préliminaire (sur 4 points)

En confrontant les trois premiers textes entre eux, et en vous appuyant sur la récurrence de certains procédés, vous montrerez dans quelle mesure Molière y déploie un art de la variation ne perdant jamais de vue la spécificité dramaturgique des pièces concernées.

b. Travaux d'écriture (sur 16 points) – au choix

Sujet 1. Commentaire.
Vous commenterez l'adaptation de la scène du *Misanthrope* proposée par Courteline.

Sujet 2. Dissertation.
Quelle est, selon vous, la place du pastiche dans la création littéraire ?

Sujet 3. Écriture d'invention.
Vous proposerez à votre tour une réécriture de la scène des *Précieuses ridicules*, dans laquelle Philaminte, Bélise et Armande se moqueraient ouvertement de l'impromptu de Mascarille, en sa présence.

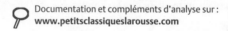
Documentation et compléments d'analyse sur :
www.petitsclassiqueslarousse.com

L'œuvre à l'examen

SUJET 2

Objet d'étude : le biographique.

TEXTE 1

> Michel de Montaigne,
> *Les Essais*, II, XVII.

J'ai au demeurant, la taille forte et ramassée ; le visage, non pas gras, mais plein ; la complexion, entre le jovial et le mélancolique, moyennement sanguine et chaude,

Unde rigent setis mihi crura et pectora villis[1] ;

la santé, forte et allègre, jusque bien avant en mon âge rarement troublée par les maladies. J'étais tel, car je ne me considère pas à cette heure que je suis engagé dans les avenues de la vieillesse, ayant pieça[2] franchi les quarante ans :

Minutatim vires et robur adultum
Frangit, et in partem pejorem liquitur ætas.[3]

Ce que je serai dorénavant, ce ne sera plus qu'un demi-être, ce ne sera plus moi. Je m'échappe tous les jours et me dérobe à moi,

Singula de nobis anni prædantur euntes.[4]

D'adresse et de disposition[5], je n'en ai point eu ; et si[6], suis fils d'un père dispos, et d'une allégresse[7] qui lui dura jusques à son extrême vieillesse. Il ne trouva guère homme de sa condition qui s'égalât à lui en tout exercice de corps : comme je

---

1. « Aussi mes jambes et ma poitrine sont-elles hérissées de poils » (Martial, *Épigrammes*).
2. **Pieçà :** il y a quelque temps.
3. « Les forces et la vigueur de l'âge mûr sont peu à peu brisées par l'âge et le déclin commence » (Lucrèce, *De la nature des choses*).
4. « Les années qui passent nous dérobent un à un tous nos biens » (Horace, *Épîtres*).
5. **Disposition :** état et qualité de celui qui se trouve dispos, c'est-à-dire vif et alerte.
6. **Et si :** et pourtant.
7. **Allégresse :** vivacité.

n'en ai trouvé guère aucun qui ne me surmontât sauf au courir (en quoi j'étais des médiocres [1]). De la Musique, ni pour la voix que j'y ai très inapte [2], ni pour les instruments, on ne m'y a jamais su rien apprendre. À la danse, à la paume [3], à la lutte, je n'y ai pu acquérir qu'une bien fort légère et vulgaire suffisance [4], à nager, à escrimer, à voltiger, et à sauter, nulle du tout. Les mains, je les ai si gourdes [5] que je ne sais pas écrire seulement pour moi : de façon que, ce que j'ai barbouillé, j'aime mieux le refaire que de me donner la peine de le démêler ; et ne lis guère mieux. Je me sens poiser [6] aux écoutants. Autrement, bon clerc [7]. Je ne sais pas clore à droit [8] une lettre, ni ne sus jamais tailler plume, ni trancher à table [9], qui vaille [10], ni équiper un cheval de son harnois, ni porter à point [11] un oiseau et le lâcher, ni parler aux chiens, aux oiseaux, aux chevaux.

Mes conditions corporelles sont en somme très bien accordantes à celles de l'âme. Il n'y a rien d'allègre [12] : il y a seulement une vigueur pleine et ferme. Je dure bien à la peine ; mais j'y dure, si je m'y porte moi-même, et autant que mon désir m'y conduit, *Molliter austerum studio fallente laborem*. [13]

Autrement, si je n'y suis alléché par quelque plaisir, et si j'ai autre guide que ma pure et libre volonté, je n'y vaux rien. Car

---

1. **Médiocre :** moyen.
2. **Inepte :** incapable.
3. **À la paume :** au jeu de paume, équivalent lointain du tennis.
4. **Suffisance :** compétence.
5. **Gourdes :** maladroites.
6. **Poiser :** penser, ennuyer.
7. **Bon clerc :** fin lettré.
8. **À droit :** correctement.
9. **Trancher à table :** découper une viande.
10. **Qui vaille :** convenablement.
11. **À point :** correctement, au poing.
12. **Allègre :** vif, agile.
13. « Le plaisir trompant l'austérité du labeur » (Horace, *Satires*).

L'œuvre à l'examen

j'en suis là que, sauf la santé et la vie, il n'est chose pour quoi je veuille ronger mes ongles, et que je veuille acheter au prix du tourment d'esprit et de la contrainte [...]. J'ai une âme toute sienne, accoutumée à se conduire à sa mode.

TEXTE 2

Molière,
Le Misanthrope, acte III, scène I, v. 783-804.

TEXTE 3

François de La Rochefoucauld,
Recueil des portraits et éloges.

Je suis d'une taille médiocre, libre et bien proportionnée. J'ai le teint brun mais assez uni, le front élevé et d'une raisonnable grandeur, les yeux noirs, petits et enfoncés, et les sourcils noirs et épais, mais bien tournés. Je serais fort empêché de dire de quelle sorte j'ai le nez fait, car il n'est ni camus, ni aquilin, ni gros, ni pointu, au moins à ce que je crois. Tout ce que je sais, c'est qu'il est plutôt grand que petit, et qu'il descend un peu trop bas. J'ai la bouche grande, et les lèvres assez rouges d'ordinaire, et ni bien ni mal taillées. J'ai les dents blanches, et passablement bien rangées. On m'a dit autrefois que j'avais un peu trop de menton : je viens de me tâter et de me regarder dans le miroir pour savoir ce qui en est, et je ne sais pas trop bien qu'en juger. Pour le tour du visage, je l'ai ou carré ou en ovale : lequel des deux, il me serait fort difficile de le dire. J'ai les cheveux noirs, naturellement frisés, et avec cela assez épais et assez longs pour pouvoir prétendre en belle tête. J'ai quelque chose de chagrin et de fier dans la mine ; cela fait croire à la plupart des gens que je suis méprisant, quoique je ne le sois point du tout. J'ai l'action fort aisée, et même un peu trop, et jusques à faire beaucoup de gestes en parlant. Voilà naïvement comme je pense que je suis fait au-dehors, et l'on trouvera, je crois, que ce que je pense de moi là-dessus n'est pas fort éloigné de ce qui en est. J'en userai avec la même fidélité dans ce qui me reste à faire de mon portrait ; car je me suis assez étudié pour me bien connaître, et je ne manque ni d'assurance pour dire librement ce que je puis avoir de bonnes qualités, ni de sincérité pour avouer franchement ce que j'ai de défauts.

TEXTE 4

Michel Leiris,
L'Âge d'homme.

Je viens d'avoir trente-quatre ans, la moitié de la vie. Au physique, je suis de taille moyenne, plutôt petit. J'ai des cheveux châtains coupés court afin d'éviter qu'ils ondulent, par crainte aussi que ne se développe une calvitie menaçante. Autant que je puisse en juger, les traits caractéristiques de ma physionomie sont : une nuque très droite, tombant verticalement comme une muraille ou une falaise, marque classique (si l'on en croit les astrologues) des personnes nées sous le signe du Taureau ; un front développé, plutôt bossué, aux veines temporales exagérément noueuses et saillantes. Cette ampleur de front est en rapport (selon le dire des astrologues) avec le signe du Bélier ; et en effet, je suis né un 20 avril, donc aux confins de ces deux signes : le Bélier et le Taureau. Mes yeux sont bruns, avec le bord des paupières habituellement enflammé ; mon teint est coloré ; j'ai honte d'une fâcheuse tendance aux rougeurs et à la peau luisante. Mes mains sont maigres, assez velues, avec des veines très dessinées ; mes deux majeurs, incurvés vers le bout, doivent dénoter quelque chose d'assez faible ou d'assez fuyant dans mon caractère.

Ma tête est plutôt grosse pour mon corps ; j'ai les jambes un peu courtes par rapport à mon torse, les épaules trop étroites par rapport aux hanches. Je marche le haut du corps incliné en avant ; j'ai tendance, lorsque je suis assis, à me tenir le dos voûté ; ma poitrine n'est pas très large et je n'ai guère de muscles.

L'œuvre à l'examen

J'aime à me vêtir avec le maximum d'élégance ; pourtant, à cause des défauts que je viens de relever dans ma structure et de mes moyens qui, sans que je puisse me dire pauvre, sont plutôt limités, je me juge d'ordinaire profondément inélégant ; j'ai horreur de me voir à l'improviste dans une glace car, faute de m'y être préparé, je me trouve à chaque fois d'une laideur humiliante.

SUJET

a. Questions préliminaires (sur 4 points)

En quoi le texte 2 se différencie-t-il foncièrement des deux autres d'un point de vue générique ?
Montrez en quoi les quatre portraiturés du corpus n'ont manifestement pas le même regard sur eux-mêmes.

b. Travaux d'écriture (sur 16 points) – au choix

Sujet 1. Commentaire.
Vous commenterez le texte 3 de La Rochefoucauld.

Sujet 2. Dissertation.
« Le sot projet qu'il a de se peindre ! », s'indignait Pascal au sujet de Montaigne. Vous discuterez la pertinence de cette remarque, en l'élargissant au problème posé par toute entreprise autobiographique en général.

Sujet 3. Écriture d'invention.
Imaginez un dialogue avec Acaste, où vous entreprendriez de lui montrer en quoi son autoportrait qu'il pense si flatteur renvoie dans les faits une image de sa personne qui l'est fort peu.

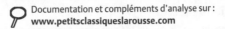
Documentation et compléments d'analyse sur :
www.petitsclassiqueslarousse.com

L'œuvre à l'examen

À l' **oral** **Objet d'étude :** le théâtre, texte et représentation.

Le Misanthrope, acte IV, scène 3.

Sujet : quelle est la valeur dramatique de cette scène d'affrontement ?

> **RAPPEL**
>
> Une lecture analytique peut suivre les étapes suivantes :
>
> **I. Mise en situation du passage, puis lecture à haute voix**
> **II. Projet de lecture**
> **III. Composition du passage**
> **IV. Analyse du passage**
> **V. Conclusion - remarques à regrouper un jour d'oral en fonction de la question posée**

I. Situation de cette scène

Alceste se plaignait à Célimène de ne pouvoir jamais lui « parler tête à tête » (v. 533). Ici, l'explication a enfin lieu mais l'occasion en vient du dehors : suite à la dispute de Célimène avec Arsinoé, Alceste a reçu des mains de la jalouse dévote une lettre que Célimène destinait, semble-t-il, à Oronte, et qui paraît ainsi prouver son infidélité. Interrompant l'entretien qu'Éliante avait avec Philinte, l'amant trahi surgit alors furieux sur scène, brandit aux yeux de tous le billet compromettant, et confie à Éliante son intention de se séparer de Célimène. À l'arrivée de cette dernière, une grande tension règne donc sur les planches, nourrie par l'attente d'une grande scène de jalousie et de rupture.

II. Projet de lecture

On envisagera ici les modalités de l'affrontement entre Alceste et Célimène, et la façon dont la réflexion sur la sincérité qui le traverse de bout en bout contribue à l'inscrire dans le cadre d'une comédie ambiguë, hésitant constamment entre le rire et la gravité.

III. Composition du passage

L'échange suit un mouvement des plus complexes : deux structures concurrentes s'y superposent en effet.

On peut d'une part considérer que la scène s'organise en deux mouvements symétriques d'égale longueur (79 vers et un hémistiche chacun), le basculement de l'un à l'autre s'opérant au vers 1356, le seul de la scène à ne pas être pris en charge par un seul et même locuteur. Avant cette rupture, Alceste s'efforce d'avoir le dessus sur Célimène qu'il accuse de tous les maux ; après cette rupture, Célimène renverse sur Alceste les accusations qu'il fait porter sur elle, et elle parvient à le dominer. La mise en avant d'une telle structure amène dès lors à lire la scène sous l'angle d'un rapport de force entre les deux amants.

Cependant, on peut tout aussi bien considérer que la scène s'articule autour de trois mouvements : tout d'abord la colère d'Alceste, dont les raisons semblent échapper à Célimène (v. 1277-1326) ; puis la demande, non reçue, de justification du billet (v. 1327-1390) ; enfin, l'amour inexplicable et impossible que les deux personnages éprouvent l'un pour l'autre (v. 1391-1435). La mise en avant de cette structure permet alors d'insister non sur le conflit des personnages, mais sur le drame de leur absence de communication et de leur opacité l'un pour l'autre.

IV. Analyse du passage

1. Maîtrise de soi et maîtrise d'autrui : une scène d'affrontement

Alceste dépossédé. Les modalisations exclamatives, les interjections (« Ô ciel ! de mes transports puis-je être ici le maître ? », v. 1277).

L'utilisation de l'hyperbole et de la rhétorique du haut degré (v. 1281-1284). Le *je* avouant sa colère et son impuissance (v. 1310, 1313-1315, 1381-1382, 1415).

Un *moi* déchiré : l'utilisation de la synecdoque (« mon cœur », v. 1304 et 1342 ; « mon âme », v. 1289 ; « mes sens », v. 1312 ; « ma raison »...).

L'œuvre à l'examen

Célimène affirmant sa surprise face au courroux d'Alceste, comme pour le ramener à la raison (v. 1278, 1326, 1315, 1316, 1335, 1391).

Célimène maîtresse d'elle-même. Célimène menace de se mettre en colère, mais reste calme (v. 1409), elle « ne rougi[t] pas » (v. 1328). Alors qu'Alceste pose des questions fermées (appelant une réponse par oui ou par non) et souvent assimilables à des questions rhétoriques (dont la réponse est contenue dans la question), les questions ouvertes posées par Célimène témoignent de son effort pour raisonner et pour comprendre la situation.

Maniement de l'ironie par antiphrase : « Voilà certainement des douceurs que j'admire » (v. 1285).

La stratégie de Célimène : non pas se défendre ni nier les faits, mais retourner l'accusation. C'est Alceste qui devient le coupable (v. 1343, 1400, 1407).

2. Deux conceptions de l'amour

La tyrannie d'Alceste. Les impératifs : « rougissez », « redoutez », « jetez ici », « connaissez », « ajustez », « prenez un peu souci de... », « de grâce montrez-moi », « défendez-vous », « cessez », « rendez-moi, s'il se peut », « efforcez-vous ». Ceux-ci sont du reste ambigus, car ils traduisent à la fois l'ordre catégorique et la prière suppliante.

Les menaces d'Alceste (v. 1309, 1313). Cette volonté de tenir l'autre sous sa coupe transparaît jusque dans la « déclaration d'amour » finale d'Alceste : « que vous fussiez réduite en un sort misérable » (v. 1426). Pour Alceste, nulle demi-mesure : il n'est d'amour heureux que dans l'entière dépendance de la personne aimée.

La hiérarchie amoureuse de Célimène. La richesse du lexique des affections amoureuses utilisé par Célimène témoigne d'une hiérarchie des sentiments : « aime », « aimable », « ménage »...

Pour Célimène, l'amour n'est nullement exclusif (voir notamment les v. 1365-1370 consacrés à Oronte), il existe sous de multiples formes, plus ou moins profondes. Ces diverses affections étaient représentées dans la carte du Tendre, témoignage essentiel pour comprendre l'amour précieux.

L'œuvre à l'examen

3. Le renversement des rôles, entre comique et pathétique
Alceste passe de l'exigence rigide et vertueuse d'un univers parfaitement transparent à celle, humiliée et coupable, d'un univers où l'on s'efforce de croire en ce qui n'est sans doute pas la vérité, mais qui est cependant moins douloureux que la vérité même : « Efforcez-vous ici de paraître fidèle, / Et je m'efforcerai, moi, de vous croire telle » (v. 1389-1390). Célimène, à l'inverse, initialement accusée de duplicité, ne cesse finalement de défendre la vérité qui est la sienne et refuse de se départir de sa sincérité : aussi ne nie-t-elle pas que le billet soit pour Oronte, ni qu'elle entretienne des relations privilégiées avec les petits marquis. Cependant, cette sincérité n'a pas pour elle une valeur morale ou philosophique objective, mais elle est simplement l'expression de sa liberté et de sa subjectivité : « Il ne me plaît pas, moi » (v. 1356), avec le redoublement pléonastique de la première personne.

Cette inversion des rôles relève du comique de caractères, et se voit renforcée par le comique de mots (le vocabulaire familier, le rythme des répliques).

Mais contrairement à ce que ferait le vaudeville d'une telle scène, le spectateur n'a ici nulle certitude concernant la « culpabilité » de Célimène. En ce sens, comme l'annonce d'emblée Alceste, « il n'est pas temps de rire » (v. 1286). Ce qui se dit n'est autre que l'impossibilité de la communication entre deux êtres qui pourtant, à leur manière, s'aiment, comme en témoigne la fréquence des questions, qui parfois se répondent les unes aux autres.

V. Quelques éléments de conclusion

Le conflit n'est pas ici entre trompeuse et trompé mais entre deux conceptions de l'amour. Il ne s'agit pas de démasquer, mais d'assister à une confrontation entre deux êtres qui ne s'aiment pas de la même façon, et qui protestent l'un à l'autre de leur amour sans parvenir à s'accorder. La lucidité d'Alceste constatant sa faiblesse et son absence totale de maîtrise ajoute encore au pathétique et à la gravité de cette scène, qui n'excluent nullement un comique supérieur et profond.

L'œuvre à l'examen

Objet d'étude : le théâtre, texte et représentation.

• **Acte I, scène 1 :** en quoi cette scène constitue-t-elle une scène d'exposition ?

On examinera la manière dont est d'emblée présenté Alceste, le rôle joué par Philinte et les éléments fournis concernant l'intrigue à venir.

• **Acte I, scène 2 :** en quoi cette confrontation de deux extravagants est-elle comique ?

On s'interrogera sur les différents types de comique utilisés par Molière : comique de situation, comique de mots, comique de gestes, comique de caractère, etc.

• **Acte III, scène 5 :** que révèle cette scène sur les deux personnages en présence ?

On montrera comment ce dialogue révèle l'hypocrisie d'Arsinoé, et en quoi celle-ci semble représentative du monde de la cour. On s'interrogera sur ce que révèle d'Alceste sa réaction aux propositions de la vieille prude.

• **Acte V, scène 2 :** quelle est la valeur dramatique de cette scène ?

On mettra en évidence les tensions qui parcourent la scène, ainsi que l'alliance paradoxale qui se noue entre les deux rivaux. On montrera la manière dont cette scène annonce et prépare le dénouement.

• **Acte V, scène 4 :** en quoi ce dénouement est-il atypique ?

On mettre en lumière le caractère dramatique du dénouement. On s'interrogera sur ce qu'il advient de chacun des personnages et sur les éventuelles zones d'ombre laissées par cette dernière scène.

Documentation et compléments d'analyse sur :
www.petitsclassiqueslarousse.com

Outils de lecture

Aparté
Au théâtre, procédé qui consiste à faire parler un personnage à lui-même, à part, sans que les autres soient censés l'entendre.

Dénouement
Au théâtre, événement qui vient dénouer une intrigue et marque ainsi la résolution de l'action.

Didascalie
Indication scénique précisant le jeu et le geste des acteurs, ou les éléments du décor.

Exposition
Début d'une pièce de théâtre ; les spectateurs doivent pouvoir y apprendre, à travers les paroles et les actions des personnages, les informations nécessaires pour comprendre la situation initiale.

Héroïsme
Qualité de ces personnages se caractérisant par leur souci de trouver la gloire et de défendre leur honneur. L'héroïsme occupe notamment une place centrale dans le théâtre de Corneille.

Honnêteté
Modèle de civilité promu par le XVIIᵉ siècle. L'honnête homme se caractérise par sa faculté d'adaptation, son naturel, sa simplicité, son enjouement et son refus constant du pédantisme.

Hyperbole
Exagération de langage, amplifiant (auxèse) ou diminuant (tapinose) avec outrance une réalité quelconque.

Intrigue (ou nœud)
Ensemble des événements, des intérêts et des caractères qui forment le nœud d'une pièce de théâtre ou d'un roman.

Ironie
Phénomène consistant en la distance prise par un locuteur quelconque envers l'énoncé qu'il met en scène. Cette distance est maximale dans le cadre de l'ironie par antiphrase, où le locuteur dit le contraire de ce qu'il pense.

Monologue
Tirade prononcée par un personnage seul ou qui se croit seul.

Pathétique
Dans le domaine de l'art dramatique, nature de ce qui émeut fortement.

Péripétie
Coup de théâtre. Événement extérieur imprévu marquant un brutal revirement de situation et changeant ainsi totalement la donne pour un ou plusieurs protagonistes d'une pièce de théâtre.

Portrait
Genre littéraire hérité de l'Antiquité et connaissant une vogue remarquable au XVIIᵉ siècle, aussi bien dans le domaine littéraire que dans

Outils de lecture

les salons, à titre
de divertissement.

Préciosité

Courant littéraire et social né
au XVIIᵉ siècle, qui se caractérise
par son idéal de raffinement
et par l'importance qu'il accorde
à l'amour.

Réplique

Partie d'un dialogue prononcée
par un personnage de théâtre
lorsque son ou ses partenaires
ont cessé de parler.

Salon

Au XVIIᵉ siècle, cercle mondain
brillant se réunissant
et s'organisant autour
d'une femme dont le charisme
et la forte personnalité assurent
la cohésion du groupe.

Satire

Genre littéraire remontant
à l'Antiquité, utilisant l'arme
du rire pour s'attaquer aux vices
ou aux ridicules.

Sonnet

Poème de forme fixe composé
de deux quatrains et d'un sizain
(ou deux tercets), importé d'Italie
en France au XVIᵉ siècle.

Stichomythie

Dialogue composé de courtes
répliques de longueur analogue.

Tirade

Longue suite de paroles
ininterrompues placée
dans la bouche d'un personnage
de théâtre.

Tragi-comédie

Genre théâtral hybride héritier
de la littérature espagnole,
d'inspiration fortement
romanesque, et faisant fi
de l'unité de ton, pour mêler
le tragique au comique
dans une même pièce de théâtre.
Passablement démodée à l'heure
du *Misanthrope*, la tragi-comédie
avait connu un vif succès
du temps des premières pièces
de Corneille.

Bibliographie filmographie

Ouvrages généraux :

• René Bray, *La Formation de la doctrine classique en France*, Paris, Nizet, 1974.

• Gabriel Conesa, *La Comédie de l'âge classique*, Paris, Seuil, 1995.

• Norbert Elias, *La Société de cour*, Paris, Flammarion, 1985.

• Marc Fumaroli, « La mélancolie et ses remèdes », dans Marc Fumaroli, *La Diplomatie de l'esprit : de Montaigne à La Fontaine*, Paris, Hermann, 1994, p. 403-439.

• Yves Hersant (dir.), *Mélancolies de l'Antiquité au XXe siècle*, Paris, Robert Laffont, 2005.

• Jean Mesnard (dir.), *Précis de littérature française du XVIIe siècle*, Paris, PUF, 1990.

• Jacques Scherer, *La Dramaturgie classique en France*, Paris, Nizet, 1950.

Sur Molière et sur *Le Misanthrope* :

• Paul Bénichou, *Morales du Grand Siècle*, Paris, Gallimard, 1980.

• Patrick Dandrey, *Molière ou l'esthétique du ridicule*, Paris, Klincksieck, 1992.

• Georges Forestier, *Molière*, Paris, Bordas, 1990.

• Jean Guicharnaud, *Molière, une aventure théâtrale*, Paris, Gallimard, 1989.

• René Jasinski, *Molière et Le Misanthrope*, Paris, Nizet, 1983.

• Jean Mesnard, « *Le Misanthrope*, mise en question de l'art de plaire », dans Jean Mesnard, *La Culture du XVIIe siècle*, Paris, PUF, 1992, p. 520-545.

Bibliographie • filmographie

Sites internet :

• *Tout Molière*, le site de référence sur l'œuvre de Molière :
http://www.toutmoliere.net/index.html.

• Les pages consacrées à Molière sur le site de la Comédie-Française :
http://www.comedie-francaise.fr/histoire/moliere1.php.

Direction de la collection : Yves GARNIER et Line KAROUBI
Direction éditoriale : Line KAROUBI, avec le concours de
Romain LANCREY-JAVAL
Édition : Christelle BARBEREAU, avec la collaboration de
Marie-Hélène CHRISTENSEN
Lecture-correction : service Lecture-correction Larousse
Recherche iconographique : Valérie PERRIN, Laure BACCHETTA
Direction artistique : Uli MEINDL
Couverture et maquette intérieure : Serge CORTESI
Responsable de fabrication : Marlène DELBEKEN

Crédits Photographiques

Photocomposition : Nord Compo
Impression Liberdúplex en Espagne - 300344
Dépôt légal : Juillet 2006 - N° de projet : 11006841 - janvier 2008.